오감으로 상대방의 마음을 읽는 방법

남 녀
행복뛰어넘기

편저 : 김진태

법문북스

오감으로 상대방의 마음을 읽는 방법

남녀
행복뛰어넘기

편저 : 김진태

법문북스

남녀 행복 뛰어넘기
(오감으로 상대방의 마음을 읽는 방법)

김진태 편저

서문

오감은 여자의 무기 (武器)

■ 사소한 동작이나 표정이 운세를 자우한다

"사소한 동작이나 표정, 관찰력의 유무가 사람의 운명을 좌우해요."

언젠가 어느 연출가로부터 이 말을 들었을 때, 뭐 그럴까라고 생각했었다. 그런데 10년 전쯤부터 여러 곳의 강연회에 참여하여 여러 사람들을 만나게 되는 일을 시작하고 보니, 나는 이 말의 뜻을 이해할 수 있게 되었다. 왜냐하면 그것을 증명하는 실례에 자주 접하게 된 탓이다.

예를 들어 항상 어두운 표정만 하고 있는 사람에게는 마치 자석(磁石)이 사철(沙鐵)을 끌어들이는 것처럼 좋지 못한 일이나 슬픈 일이 모여든다. 그러나 어떤 게기로 그 사람의 표정이 밝아지면 그것을 계기로 하여 놀랄만큼 운세가 열려진다.

처음에 나는 사람의 표정은 여러 가지 사건의 영향을 받아서 이루어지는 것으로만 짐박하고 있었다. 그러나 반드시 그렇지만은 않고, 그 사람의 표정이나 동작, 소리내는 장법이 역으로 운세를 막거나 열기도 한다는 것을 깨닫게 되었다.

시험삼아 항상 턱을 내밀고, 차가운 표정을 짓는 버릇이 있는 아가씨에게 턱을 숙이고 미소짓는 연기를 일주일간 계속하게 하여 운세의 변화가 있는지, 없는지를 실험해 본 적이 있었다. 그런데 우연인지는 모르나 그녀는 다섯째 되던 날 맞선 본 것이 결혼으로 이어져 오랫동안의 독신생활을 끝내게 되었다.

기운을 얻은 나는 잇따라 협력자를 찾아서 실험을 할 수 있었다.

다리를 끌며 걷는 버릇이 있는 남성에게 걷는 방법을 바꾸게 했고, 차가운 인상을 하고 있는 사람에게는 얼굴의 표정을 훨씬 밝게 하도록 하였고, 아이를 싫어하는 엄마에게는 아이의 몸을 만지게 하여 친해질 수 있는가를 시험해 보기도…….

즉시 효과가 나타나는 사람, 여간해서 나타나지 않는 사람등 여러 가지였으나 그런대로 두 사람에 한 사람 꼴로 "주위사람들이 자기에 대한 반응이 바뀌어졌다. 운세도 조금씩 좋아진 것 같은 생각이 든다."라는 말을 들었다.

사람의 운명은 타고나는 것이 절반, 개발하고 발전할 수 있는 것이 절반이라고 한다. 그렇다면 절반이라도 자신의 힘으로 좋은 방향으로 개발하도록 노력을 해야 할 것 아닌가?

■ 누구라도 가지고 있는 교제능력

미모와 재능을 갖춘 가인(佳人)이 즐겨 한 말에 "지금 당신에게 나타나고 있는 재능은 빙산의 일각일 뿐, 진정한 재능은 물밑 깊숙한 곳에 깊게 감추어져 있다"라고 하였다. 내가 생각하기에는 이 재능이라는 것은 글재주나 그림재주는 한정된 것이 아니라, 살아가기 위한 능력 전반을 가리키는 것이라고 생각된다.

인간은 혼자서는 살아갈 수 없다. 설사 마을에서 떨어진 곳에서 외롭게 신선과 같은 생활을 한다 하더라도 자기 자신과 마주하며 살아가지 않으면 안 된다.

당연히 자기와의 인간관계가 생기고, 갈등과 알력(軋轢)이 생기게 된다. 요컨대 숨을 쉰다는 것은 인간과의 교접이라 하겠다. 만약 자기를 포함하여 인간과의 교류해 나가는 재능, 소위 교제능력이 주어졌다하면 이 인생은 몇 배나 재미있어지고 보람 있는 것으로 될 것이다.

더구나 그런 재능은 지금은 아주 조금밖에 나타나 있지 않다. 진정으로 뛰어난 재능은 물밑 깊은 곳에 감추어져 있다라고 생각만 해도 가슴 벅찬 일이다.

■ 당신의 오감을 개발해 보지 않겠는가?

그럼 감추어져 있는 이들 재능을 찾아내는 방법을 말하겠다.

그것은 자기가 가지고 있는 「오감」에 눈을 돌리는 일이다.

「시각·청각·촉각·후각·미각」의 다섯가지 감각을 의식하는 일이다.

마음과 마음을 연결하는 창구(窓口)가 되는 것은 오감 밖에 없다. 당신 자신의 마음도 사실은 외부에서 오감을 통해서 들어오는 정보에 의해 지배받고 있는 것이다. 제육감(第六感)의 작용은 예리한 것과는 반대로 불확실한 것이며, 그것을 자유롭게 활용 할 수 있는 사람은 백만명에 한 사람 정도라 일컫고 있다.

요컨대, 대개의 사람들에게 의지가 되는 것은 오감 뿐이라는 것이다. 그리고 이 오감은 본디 각 사람에게 균형있게 잘 갖추어져 있는 것이 보통이다. 그런데도 "나는 남의 비밀 따위를 재빨리 듣고 알고 있다."라는 정보통의 자인(自認)하고 있는 사람은 오감 중에서도 청각이 특히 뛰어나서 청각을 무기로 하여 타인의 비밀을 재빨리 알아내곤 한다. 이런 사람은 바로 고감도의 청각의 소유자로 일반인에게는 들리지 않는 청취할 수 없을 정도의 주파수를 작는 고음이나 저음이 어렵지 않게 청취한다고 한다. 당연히 정보통이 되는 것이다.

또 눈으로 정보를 잘 보는 사람, 냄새를 잘 맡는 사람, 요리의 미묘한 맛을 알아내는 사람, 피부 감각이 특히 뛰어난 사람등 참으로 가지각색이다.

그렇지만 진술한 대로 오감은 본디 사람마다 갖추어져 있는 것이 보통이며 그것을 의식해서 연마해야 오감의 안테나는 예민하게 된다. 시각이나 청각을 연마해서 여러 가지 직업 훈련에도 쓰이고 있는 것은 잘 알려진 일이다. 후각 개발의 특별 훈련을 받은 젊은 소방사가 일반 사람들은 느끼지 못할 정도의 가스가 세는 것을 감지하여 폭발사고를 미연에 방지했다는 신문보도를 읽은 일이 있었다.

자기가 가진 뛰어난 감각을 발견하여 그것을 충분히 활용하여 생활한다. 좀 약하다고 느낀 부분은 노력하여 개발해 간다. 설령 어느 감각에 장애가 있더라도 그런 연유로 다른 감각이 매우 예민하게 발달하여 훌륭한 능력을 발휘하기도 한다.

인간의 오감은 무한히 훈련할 수 있다고 생각한다. 항상 자기 오감을 긴장시켜 생활을 즐기며 살아가는 사람을 오감인간이라 부르고 있다.

여자의 직감력은 남자보다 몇 배나 뛰어나다고 어떤 심리학자는 말하고 있다.

임신·출산이라는 외적(外敵)으로 보면 빈틈 투성이의 상태 안에서 생명을 지켜온 길고 긴 인류의 역사가 여자의 오감을 스스로 발달시켰다고도 생각된다.

그러나 지금 이 여자의 무기도 녹슬어 남자에게 뒤진다고 말해지고 있다.

시대가 변화함에 따라 여성 스스로가 오감을 훈련하는 것이 필수적이지 않다고 느껴진다. 짐승의 습래(襲來)대신 교통사고나 병, 사랑의 변모와 파탄, 마음의 허전함 등 겉보기로 평화스럽게 보이는 현대의 생활은 여자를 습격하는 위험이 많기도 하다.

당신의 오감을 새로 개발해 볼 일이다. 오감을 연마하여 오감의 안테나를 신장시키는 것만으로도 스스로 운세가 열려 여자의 인생이 열 배 아니, 스무 배나 재미있게 된다.

마음과 마음을 연결하는 창구—오감을 연마하는 것으로 지금 매우 귀중한 교제의 바퀴가 당신을 중심으로 확대되어 가는 것을 나는 자신있게 말할 수 있다.

차례

1

오감(五感)은 TPO로 살린다

T : time 시간

P : place 장소

O : Occasion 경우

사람의 마음에도 3원색이 있다.

칼라TV의 화면을 확대경으로 본 일이 있는가? 확대경으로 화면을 확대해 보면 빨강·파랑·녹색의 아름다운 물방울이 보여질 것이다. 이것이 빛의 3원색이다.

이 3색의 배합이 어떤 때는 A의 얼굴도 되고, B의 모습이 되기도 하고, 맛있는 요리로도, 아름다운 경치로도 된다. 그러나 본 바탕은 단 3색이다.

비슷하게 인간의 감정도 세 가지의 호르몬의 균형으로 결정된다고 한다. 말하자면 마음의 3원색.

불안의 호르몬 – **아드레날린**
노여움의 호르몬 – **노르아드레날린**
쾌감의 호르몬 – **도파민**

이 세 가지 호르몬이 나오다가 그쳤다가 하여 섞여지면서 희로애락, 애정, 성질까지 조정하고 있다.

우선 수심형으로 언제나 불안해하는 사람은 아드레날린의 분비가 많고, 화를 잘 내는 사람은 노르아드레날린이 나오는 구멍

이 늘 열려 있는 꼴이며, 언제나 낙천가는 도파민이 잘 나오는 성질이라 하겠다.

이 호르몬 분비법은 환경의 변화나 본인의 노력으로 미묘하게 변화한다. 같은 하루를 보아도 TPO로 또 변화한다.

T(시간)

아침과 낮밤에도 당신의 감정의 움직임이나 생각하는 방법이 변화하는 것을 깨달을 것이다.

P(장소)

어디에 있는가에 따라서 변할 것이다. 공원에 있는가, 직장인가, 침대 안인가?

O(처지)

당신이 자리한 처지도 중요하다. 시어머니 앞에서 움츠리고 있는가? 목욕탕에서 기분을 풀고 있는가?

이와같이 세세하게 관찰해 보면 우리 인간은 모두 기분이나 태도를 변화시키면서 생활하고 있는 것을 알게 된다. 때로는 변화하는 모습이 너무 지나친 사람도 있을 것이다.

모든 일은 아드레날린과 노르아드레날린, 도파민이 만들어내는 일이다.

정신 찰리라고 화를 내어 닦달한다고 되는 일이 아니다. 우선 화를 내고 본인이 세 가지 호르몬으로 지배받아 마음이 흔들리고 있는 것이다.

흔들리고 있는 배 위에서는 함께 몸을 흔드는 것이 원칙, 거슬린다고 바다에 빠져도 아무도 칭찬하지는 않는다. 표정이나 동작, 말하는 것도 흔들림에 맞추어 그 때 그 때의 형편에 맞게 선택할 필요가 있다.

현대인은 분열형 인간적 경향을 가지고 있다고 한다. 분열형 인간이란 TPO에 맞추어서 자기를 연출하는 것이라는 뜻이라고 생각할 수 있다. 그러나 자기나름의 핵(核)이 되는 부분은 굳게 지켜나가지 않으면 안 된다.

입는 옷은 여러 가지로 바꾸어 입더라도 본 마음은 변할 수가 없다.

마음을 열고 적극적으로 살아갈 생각이면 명랑한 태도로 행동하고, 자기를 지키지 않으면 안될 때는 굳세게 자기를 지키고, 그리고 휴식이 필요한 때는 푹 쉬면서 TPO에 대응하며 오감을 아낌없이 활용하며 자기의 인생을 마음껏 연출해가야 할 것이다.

상대의 경계심을 제거하는 웃는 얼굴

■ 가볍게 턱을 당겨 웃으며 호의의 사인

웃는 얼굴이 인간관계에 커다란 구실을 하고 있는 것은 잘 알려진 사실이다. 나는 이 「웃는 얼굴의 구실」에 흥미를 가지고 몇 년 동안 집요하게 추구한 일이 있다. 나는 그것을 크게 세 종류로 분류하여 그 중에 하나를 용인(容認)의 웃는 얼굴이라 하겠다.

용인

요컨대 상대를 용납하여 "나는 당신을 바로 인정한다."는 신호를 보내는 웃는 얼굴이다. 이렇게 다정하게 웃는 얼굴을 3부 얼굴, 5부 얼굴, 7부 얼굴, 8부 얼굴, 만개(滿開)의 5단계로 나누고 있다. 턱을 약간 당기고 눈초리를 조금 낮추어 약간 치켜보며 입의 양끝은 치올리고 눈 둘레의 근육을 융기시킨다. 이런 모습은 매우 애교스런 얼굴이 되어 상대의 경계심을 누그러뜨린다. 그 이유는 턱을 약간 당기는 것은 사양하여 상대를 대한다는 신호이다. 심리적으로 말하면 턱=자아(自我). 이지적이라는 것이다. 입의 양끝을 올리는 것은 눈쪽 얼굴의 근육이 모아져서 눈이 상냥한 주름으로 둘러싸인다. 이 것은 상대에 대하여 좋은 느낌을 가지고 있다는 호의의 신호가 된다.

이런 웃는 얼굴을 본 사람은 "나와 친해지려고 하는구나."라고 느껴, 기분이 좋아지는 쾌감을 호르몬 도파민이 자연스럽게 나오게 되는 것이다.

상대를 유쾌한 기분으로 하게 하는 7부 얼굴의 웃는 얼굴

웃는 것으로 자신의 마음도 긴장이 풀리고 자유로이 행동하여 마음껏 문명사회를 즐길 수 있는 것이다.

이 7부 얼굴의 웃는 얼굴은 여간 강력한 적의(敵意)를 품고 있는 사람이나, 비뚤어진 생각을 가지고 있는 사람 이외에는 통용되는 활용범위가 넓은 것이다.

■ 7부 웃는 얼굴을 TPO로 살린다

당신이 아내라면 밤중에 남편이 친구를 데리고 귀가했을 때, "왜 전화 한통도 없어요."라고 퉁명스럽게 남편을 원망하려는 기분은 알겠으나 난처하게 생각할 친구의 처지도 생각해보아야 할 것이다. 어쩌지 못해 남편에게 끌려와서 미안해 할 것이 틀림없다. 그럴 때 당신의 7부 웃는 얼굴을 보이는 것으로 그런 미안스러움이 싹 가시어지는 것이다.

남편은 아내의 7부 웃는 얼굴과 자신의 3부 웃는 얼굴을 보태면 친구에의 우호점이 10부가 될 것이라고 계산하여 친구를 집으로 안내했을 것이다.

그런데 만일 아내가 싫은 얼굴을 했다면 플러스는 커녕 감점되고 만다.

손님에 대한 배려의 마음씨. 이것은 7부 웃는 얼굴을 살리기에는 다시 없는 기회이다. 혹 기분이 언짢아도 시종 방긋방긋 7부 웃는 얼굴로 접대해야 할 것이다.

남편과의 단판은 손님이 돌아간 뒤에 하면 될 것이다. 투정을 하든 살점이 떨어지게 꼬집던 그것은 당신의 자유이다.

만일 당신이 여자 사무원이라면 귀중한 손님을 맞이할 경우, 아침 인사등은 7부 웃는 얼굴이 효과적이다.

손님을 맞이하는 경우는 다시 설명할 필요가 없을 것이다.

아침 인사를 잠이 덜 깬 얼굴로 한다면 *"어쩜 이 사람은 나를 노려보고 있지 않은가."*라는 오해도 받기 마련이다. 얼굴의 근육은 움직이지 않고 눈매는 흐릿하고 그런 눈으로 상대를 쳐다보는 것이 따갑게 된다. 경계하는 얼굴로 받아들여지는 것이다.

차라리 7부 정도의 웃는 얼굴로 "안녕하세요."라고 인사하면 아침부터 인간관계는 부드럽게 되고, 하루종일 일도 순조롭게 풀린다. 적어도 손해를 보는 일은 없을 것이다.

당신이 미혼이라면 그의 가족에게 처음 인사하러 갈 경우 소위 당신의 인생의 갈림길에 서게 되는 것이다. 아들이 데리고 온 처음 맞는 여성. 이것은 생각하게 따라서는 가족에게는 「침입자」이다.

'어떤 여자일까? 가족으로 맞이했을 경우 과연 모두와 잘 어울릴까?' 당연히 저울질하게 된다. 주의의 호르몬이 아드레날린도 나오려할 것이다.

당신도 물론 긴장이 되어 아드레날린이 나오게 된다. 그래서 서로 얼굴에 긴장을 하게 되면 더욱 더 아드레날린의 양이 많아진다. 우선 당신이 먼저 생글생글 웃으면 그 얼굴에 끌려 상대편도 생글생글 웃는다. 이렇게 되면 호르몬은 아드레날린에서 차츰 마음이 상쾌해지는 도파민으로 변하여 「인상이 좋은 사람」이라는 평가를 받게 된다.

■ 웃는 얼굴이 통용 안되는 상대도 있다

웃는 얼굴을 싫어하는 진종(珍種)도 있다. 그런 사람은 역사의 어딘가에 웃는 얼굴이 싫어진 원인이 숨겨져 있는 경우가 많은 것 같다.

예를 들면 어느 마을의 할아버지는 가방을 든 세일즈맨 등 생글생글 웃으며 접근해 오면 그런지 몸이 움츠러진다.

어쩌면 어색하게 웃는 얼굴로 접근해 온 땅 브로커에게 선조 대대로 이어온 땅이나 재산을 빼앗긴 일이 있는지도 모른다.

또는 본인은 아니지만 할아버지의 아버지나 이웃 사람 등 가까운 친척의 누군가가 그런 일을 당하여 싫증나게 그런 이야기들을 들었는지도 모른다. 그리고 기억의 어딘가에 그것이 남아있다. 그런 탓에 웃는 얼굴로 접근하는 사람에 대하여 본능적으로 반발한다. 그리고 경계한다. 이런 경우 무리하게 웃는 얼굴로 접근하는 사람에 대하여 본능적으로 반발한다. 그리고 경계한다. 이런 경우 무리하게 웃는 얼굴로 꾸미면서까지 상대를 불안하게 해서는 안 될 것이다.

또 매스컴 관계의 일부에서도 웃는 얼굴을 싫어하는 사람이 있다. 자기는 매우 이지적이라든가, 속물들과는 다르다고 생각하고 있는 사람들, 그들에게 이런 웃음을 권하면 바로 화를 낸다.

이런 사람 앞에서는 웃는 얼굴을 함부로 뿌리지 말아야 한다. 수준이 낮다는 증으로 멸시당해서는 안 된다. 특수한 경우는 우

호의 웃는 얼굴을 하지 않는 편이 낫다는 한 조목을 마음한 구석
에서 새겨듣기 바란다.

회화는 의음어(擬音語), 의태어(擬態語)로 자극한다

■ 상대를 환한 기분으로 만드는 말하기

의음어라는 것은 "쏴—쏴 비가 온다." 든가 "멍멍 개가 짖는다." 등이고, 의태어라는 것은 상태를 나타내는 말로 "우뚝 서 있다." 든가 "우르르 무너진다." 등이다. 최근은 이런 말을 얼마만큼 잘 쓸 수 있는가에 따라 현대성이 결정된다고 할 만큼 중요하다.

그럼 이런 말들의 효용은 무엇일까? 예를 들어 신극과 같이 대사만의 경우 여간 늦춤과 당김의 분명한 뜻이 있는 말이 아니면 사람의 마음을 잡을 수가 없다. 이에 대해 신파나 가극, 창극 등의 경우 반주음이나 음악, 효과음, 박자 등 여러 가지 소리가 알맞게 삽입되는 탓에 약간 대사가 시원치 않거나 줄거리를 이해하지 못해도 결국 몰입하여 관람하게 된다.

회화의 경우도 같다. 의음어나 의태어를 잘 사용하면 내용이 다소 빈약하여도 회화의 볼륨이나 표정, 임장감(臨場感)등이 생기게 된다.

효과음이나 배경음악과 같은 작용을 하는 탓에 듣는 사람에게 지루한 느낌을 안 느끼게 할 분 아니라, 설득력도 생기게 된다.

그런데 이 의음어, 의태어가 가·나·다 소리의 어느 글에 속하고 있는가에 따라 어떤 일정한 느낌을 표현 할 수 있게 된다. 예를 들면 가줄은 건조한 느낌이라든가 사줄은 무게를 느끼게 하며 하행은 가벼운 느낌도 준다. 그러면 이 의음어·의태어는 어떤 경우에 쓰면 가장 효과적일까?

이웃 사람과 대화하고 싶은데 주위가 시끄러워 차분한 말이 통하지 않을 때, 큰 소리를 낸다면 목이 까슬까슬해진다. 이럴 때 「미끄러진 순간에 구두 뒷축이 부러져 나는 허둥댔다」이것으로 겨우 분위기에 맞게 상대를 이해시키게 된다. 왜냐하면 원시적인 표현이라 할 수 있는 의음어나 의태어는 청각을 최대한으로 자극하는 말인 탓이다.

단지 무거운 분위기나 가라앉은 분위기에서 사용하면 이상하게 여겨진다. 또 연장자나 보수적인 생각을 가진 사람, 귀찮아하는 사람 앞에서는 안 쓰는 편이 무난하다.
　　– 의음어와 의태어는 회화에 활용하도록 –

미묘한 색깔, 뜻가짐, 울림이 있는 의음어는 청각을 인상적으로 자극하여 회화에 매력과 색채를 첨가한다. 특히 시끄러운 장소에서 회화를 많이 쓰면 효과적이다.

가줄	건조한 느낌 분명한 느낌	가뿐가뿐 까실까실 갸웃갸웃 까닥까닥 꼬불꼬불 깡충깡충
사줄	상쾌한 느낌 무게가느껴짐	사뿐사뿐 사락사락 서글서글 시큰시큰 소근소근 솔솔
나줄	매끄러운 느낌 눅눅한 느낌	나긋나긋 너울너울 노릇노릇 누릇누릇 누역누역 노긋노긋
하줄	가벼운 느낌 약한 느낌	한들한들 헐렁헐렁 홀랑홀랑 후줄후줄 흔들흔들 호리호리

타인에게 접근하기 전에
자신의 냄새에 자신감을 갖고나서

■ 마음의 거리가 단번에 감축되는 향기의 시그널

"어째서 충치를 그렇게 내버려두고 있니?" 일찍이 엄마에게 꾸중
들은 한 마디가 나에게는 매우 큰 충격이었다. 그 때까지 치료하
는 것이 귀찮아 되도록 눈치채지 못하도록 혼자 약을 먹으면서
견디어 온 것이다. 그런데 입에서 나쁜 냄새가 나다니…….

사실 어머니는 치과의사였다. 그래서 입에서 나는 냄새도 보통
사람 이상으로 민감했는지 모른다. 그러나 입에서 냄새가 나는
것을 안 이상 나는 사람들에게 첩근할 수 없다. 입에서 나는 냄새
를 다른 사람이 맡을까봐 겁이 났다. 물건을 살 때도 얼굴은 돌리
고 팔은 되도록 뻗어서 돈을 건넨다. 학교에 가서도 친구들 곁에
가지 않았다.

이렇게 의식적으로 거리를 둔 사이에 친구들은 하나 둘 떨어져
나갔다. 그것은 충치를 완치하기까지의 단 한들 동안이었으나 나
는 이 사건으로 다시 친해지자면 사람에게 근접하지 않으면 안
된다는 것을 경험으로 알게 되었다.

에드워드 홀이라는 미국 인류학자가 인간관계를 그 접근하는

거리에 의해 여러 가지로 분류하고 있다. 그에 의하면 두 사람의 거리가 -.

두 사람의 사이가 120~70cm의 경우

이것은 친구 사이, 보통 이야기를 하거나 의논을 하는 거리라 하였다. 70cm란 한쪽 팔을 벌린 정도이다.

두 사람 사이가 50~70cm의 경우

손을 뻗친 위치보다 약간 안으로 들어가면 더 친근하게 된다. 인간 관계가 부드럽게 된다고 하였다.

두 사람 사이가 45cm 이내인 경우

이것은 친밀거리. 연인사이라도 사람 앞에서 지근지근해서는 안 된다. 이럴 경우에도 45cm 이내로는 들어가지 않도록 해야 한다. 과연 물리적인 거리와 정신적인 거리에는 이와 같은 관계가 있는 것이다.

■ 악취는 인간관계를 막아버린다

입냄새를 신경쓰고 있던 나는, 친구 사이의 거리인 120cm보다 더 떨어져서 말하고 있었다. 그런 탓에 상대는 접근해서는 안 된다는 신호로 알고 차츰 떨어져 친근성을 잃어버리게 된 것 같았다.

겨드랑이 냄새가 나는 사람의 경우도 타인이 어찌 느끼든 본인이 모르고 있는 동안은 좋으나, 본인이 알고 있으면 좋지 못하다. 왜냐하면 사람과의 교제가 잘 안 된다든가, 친구가 적은 것을 고민하는 사람이 많기 때문이다.

  그래서 가령 겨드랑이 냄새를 수술하여 냄새가 적어졌음을 알게 되면 바로 명랑해진다. 교제 범위도 넓어지고 사교적으로 변해간다.

  만일 자기의 체취에 자신이 없어서 그것이 인관관계에 있어 하나의 브레이크 작용을 한다면 이것은 빨리 치료해야 할 것이다.

  병적인 냄새 뿐만이 아니라, 식사 뒤의 입냄새를 신경쓰는 사람도 많은 것이다. 내가 보기에는 직장인들이 식사를 하고난 뒤에 동료들과 대화를 할 때 너무 접근하지 않게 주의하며 거리를 두고 있다. 그러나 이를 닦고 온 사람은 자신이 있어서 도리어 근접하여 마음껏 이야기를 즐기고 있다.

  나쁜 냄새를 제거하고 좋은 냄새를 풍기는 것이 당신의 자신감에 이어지는 것이라면 여러 가지 방법을 활용해 보는 것도 좋을 것이다. 그래서 원만한 교제를 점점 확장해 가는 것이 바람직한 일이다.

적극적인 성격을 만들자면 눈을 빛나게 하는 것이 좋다

■ 머리띠를 두른 감각으로 열 살이나 젊게 보인다.

프로듀서가 신인 배우에게 *"윗눈꺼풀의 눈초리가 가까운 곳을 들어올리듯 하여 약간 눈을 열어 보라. 의욕적인 얼굴로 보일 것이다."*라고 연기 지도를 하고 있는 것을 본 적이 있다.

결국 이것은 머리띠를 두른 원리이다. 머리띠를 불끈 두르면 관자놀이나 윗눈꺼풀이 올려진다. 그와 동시에 관자놀이에서 측두근(머리 옆의 근육)에 걸쳐서 자극을 받는다. 그러면 이상하게도 인간은 의욕이 솟아난다. 그러면서 타인에게도 젊게 보이고 무엇이나 하고자하는 의욕이 보여진다.

사람들은 옛날부터 "해보자!"라고 굳은 결심을 했을 때에는 언제나 머리띠를 둘렀다. 이것은 머리를 다스리거나 땀나는 것을 멈추게 할 뿐 아니라, 자기에게도 다른 사람에게도 하겠다는 결심을 나타내 보이는 것이다.

■ 하려는 결심을 분명히 전하는 얼굴 만드는 법

실제로 하겠다는 결심이 있을 경우는 좋지만 몸의 형편이 나빠서 어쩐지 할 생각이 일지 않는다. 그러나 귀한 사람을 만나지 않으면 안될 그런 경우를 위해 상대에게 하려는 의욕을 느끼게 하는 얼굴 만들기를 소개하겠다.

처음은 점토 공작을 하듯 손으로 자기 얼굴을 만든다. 익숙해지면 자연스럽게 할 수 있게 된다.

1. 거울 앞에 선다.
2. 손바닥으로 얼굴을 끼도록 한다.
3. 손을 약간 뒤쪽으로 당기면서 비스듬히 위쪽으로 들어 올린다. (얼굴이 끌어 당겨져 근육이 위로 바싹 들어 올려진 느낌)
4. 그래도 양손의 약손가락을 눈초리까지 쓱 가지고 가서 댄다.
5. 눈썹을 위로 가볍게 들어 올린다. (약간 눈이 들어 올려진 얼굴이 된다)
6. 시점(視點)은 곧바로 앞으로 향하게 하고 턱은 가볍게 당기고 눈은 약간 힘을 준다.(긴장된 얼굴이 된다.)
7. 손으로 들어 올려진 이 얼굴의 피부 감각, 얼굴의 느낌을 잘 기억해 둘 것.
8. (7)의 느낌을 무너뜨리지 않도록 결심하고 손을 뗀다.
9. 의욕적으로 보이는 얼굴이 만들어짐. 아까와는 약간 변한 얼굴이 되어 있을 것이다.
10. 번외(番外) 얼굴의 근육을 축 늘어뜨리고 눈초리도 늘어뜨린다.

(10)은 아주 하려는 생각이 없는, 어쩌지도 못하겠다는 얼굴로 보일 것이다.

무엇이나 하고자하는 결심을 나타내려면 눈을 빛내고, 관자놀이에서 눈초리, 윗눈꺼풀에 걸쳐서 근육을 끌어올리는 것이 요점이다.

■ 눈을 빛나게 하면 행동력도 몸에 따른다

눈을 빛내어 자기의 운명을 개척해 낸 예는 무수히 많다. 약간 어려운 일을 부탁 받았을 때, "열심히 해보겠습니다."하며 눈을 빛내면 부탁한 상사나 선배도 안심하고 맡길 것이다. 부탁한 편을 안심시킨다는 것은 신뢰를 받는 지름길이 된다. 만일 도중에 의문이 생겨 지도를 청해도 인간적으로 신뢰하고 있는 탓에 친절하게 지도에 응해 줄 것이며 평가도 상승할 것이므로 일거양득이라 하겠다.

50세에 가까워지면 얼굴의 근육도 차츰 느슨해진다. 그래서 윗눈꺼풀에 힘을 주어 위로 올린다는 생각으로 눈을 뜨고 입언저리도 약간 올려 미소를 띄도록 하면 "10년이나 15년은 젊어 보인다."라는 말을 들을 것이다.

결국 웃는 얼굴을 하고 눈이 빛나면 집중력이 생기고 무슨 일이나 해내려는 의욕이 보이게 된다. 얼굴의 근육이 들어올릴 때의 감각은 정신을 회복시켜 긴장감이 생기게 한다. 무슨 일에나

의욕적으로 해내려는 각오가 되어 있는 것을 나타내는 것이다.

그런데 이 의욕적인 눈도 마이너스가 될 때도 가끔은 있다. 질투심을 유발(誘發)하는 경우가 있는 것이다. 주위가 느슨할 때에 혼자만 눈을 빛내고 무엇하나 하려는 의욕적인 태도를 과시하면 주위의 시선을 끌게 될 것이다.

"혼자 점수를 따려고 한다."하여 미움을 사고 질투를 하게 된다. 직장 등에서 하고자하는 의욕도, 능력도 없는 선배뿐인 사람이 있는 경우는 빛나는 눈을 하지 않는 것이 타당하다.

행운을 불러들이려면
발걸음은 가볍게 걷는다

■ 사람이 모여드는 것은 운세가 좋은 증거

당신 주위에 모두를 명랑하게 해주는 「태양과 같은 사람」은 없는가? 만약 당신이 그렇다면 매우 행운이다.

어떤 사람은 자기의 운세가 나쁘더라도 언제나 밝고, 산뜻한 미소가 항상 떠나지 않는다. 그러니 성격도 명랑하며 함께 일을 하면 즐겁게 느껴진다.

그녀가 갖고 있는 명랑한 리듬감각이 기세 같은 것에 끌려서 주위 사람들도 덩달아 기분이 밝아진다. 그런 탓에 모두가 합심하여 열심히 일을 하게 된다. 그런 탓에 조를 짜기도 쉽다고 잘 아는 감독이 칭찬을 아끼지 않는다.

그래서 *"이유는 모르지만 왜 그런지 운세가 좋아질 것만 같은 예감이 든다."*든지 혹은 역으로 *"나빠질 듯한 느낌이 든다."*든지 그런 예감이 작용하는 일이 당신에게도 있을 줄 짐작한다.

가령, 운세가 좋아질 듯한 예감이 작용할 때는 우선 몸이 그 것을 느끼게 된다. 먼저 뇌가 느끼기 전에 발걸음이 가벼워지거나,

몸에 탄력이 붙게 되거나, 눈은 항상 더 높게 뜨고 고개도 똑바로 서게 된다.

그런 탓에 본이보다도 도리어 주위 사람들이 먼저 알게 된다. 당신의 리듬감이나 눈빛의 빛남, 발걸음 등 본능적으로 느껴지게 된다. 그러면 사람이 모여들게 된다. 그것은 마치 던져진 먹이의 주위에 잉어가 모여드는 모양과 같다.

방송국에서 드라마의 주역을 선정할 경우에도 특별한 일이 없는 한 인기가 좋은 배우나 인기가 상승하고 있는 배우를 선정한다. 이것도 인연을 살린다는 것이 아니고, 그 사람이 개운기에 있는 것을 주위 사람들이 결과적으로 결속하는 탓이다.

승리한 씨름 장사가 퇴장할 때에 관람객이 앞다투어 장사의 몸에 손을 대려하듯이 이것도 손을 대거나 접근하는 것으로 그의 행운을 자기 것으로 끌어들이려는 본능이 있는 탓이다. 홈런을 친 타자에게 다른 선수가 서로 손바닥을 대는 것도 그의 실력, 행운에 동반하려는 생각이 축복의 뜻과 같을 정도로 포함되어 있다고 짐작된다.

그런 탓에 역으로 자기자신의 운세를 주위 사람들의 반응에서 알게 된다고도 할 수 잇다. 승리벽이나 패배벽이라는 것도 본인 운세의 리듬 뿐만 아니라 주위 사람들의 반응에 강하게 영향을 받는다.

'이 사람은 운세가 좋구나!'라며 사람들이 모여든다. 그러면 본인도 「나는 운세가 좋은 모양이다」라고 피부로 느끼면 자신감이 생기고 적극적으로 된다. 개운기에 있는 탓에 성공률도 높아 더욱 자신감이 생긴다. 그러면 그럴수록 사람들이 모여든다. 이런 반복이 더욱더 승리해 가는 승리벽의 원리이다. 개운기에 있다고 생각되는 경우는 그대로 리듬을 타고 나가는 것이 중요하다. 그렇지 않을 경우, 몸으로 개운 기운을 연출하면 사람은 도망가지 않고 접근해 온다. 태양과 같은 사람은 무의식적으로 이것이 가능할 것이다.

■ 개운을 촉진하는 자기 연출법

발걸음은 가볍게, 눈은 빛나게 행운을 끌어당기자

1. 발걸음은 가볍게 하고 다리는 약간 높이 올려 절대로 끌리지 않게 할 것.
2. 몸은 탄력있게.
3. 시선은 약간 높게 하고, 눈은 빛나게 한다.

이것을 의식적으로 연출하는 사이 발 밑에서 전해오는 리듬감이나 쭉 뻗은 등뼈의 감각이 당신의 몸안으로 끌어들여져서 자연히 운세가 열리는 경우도 있다.

그러나 행운을 부르는 동작이 역으로 마이너스로 작용할 경우도 있다.

예를 들면 유력자에게 부탁할 때에 이것은 상대방의 우월감을 자극하는 편이 되어진다. 이쪽이 가슴을 펴고 당당하게 걸어간다면 건방진 녀석이라는 인상을 주게 된다. 약간 겸손한 태도가 협조를 얻을 수 있을 것이다.

불운의 한가운데에 있는 사람 앞에서도 가벼운 발걸음은 안 하는 편이 좋을 것이다. 인간은 질투심이 강해서 쓸데없는 반발심마나 사게 될 염려가 있다.

■ 호인(好人)은 결함 투성이의 인간관계를 만든다.

당신 주위에 혹 이런 사람은 없는가?

언제나 뻔뻔스럽게 돈을 빌리러 온다. 물건을 빌려가면 여간해서 돌려주지 않는다. 별나게 친근하게 군다. 서슴없이 안방까지 들어온다. 이런 사람에게는 허술한 점을 보여서는 안 된다.

자물쇠를 잠그지 않고 나갔다가 도둑이 들어 한탄을 해도 소용이 없다. 아무런 동정도 안 할 것이다. 인간관계도 마찬가지다.

마음의 자물쇠를 언제나 열어두고 있으면 호인이라 여겨질 뿐 아니라 허술한 사람이라는 인상을 주게 된다. 그래서 발목을 잡힐 뿐 아니라 결국은 상대에게도 해를 끼치게 된다.

예를 들어 애타게 돈이 필요한 사람 앞에서 보란 듯이 현금을 놓아두면 상대는 집어가게 된다. 만일 돈을 잘 간수해 두었더라면 이 사람은 죄를 범하지 않게 되었을 것이다.

마음을 느슨하게 하는 것이 상대에게는 도리어 잘못되게 하는 경우도 있다. *"여기가 열려 있어요. 들어오고 싶으면 자유롭게 들어오세요."* 라는 결과가 된다.

손해를 보고나서 당황하기보다 미리 마음의 자물쇠를 잠궈두는 편이 훨씬 슬기로운 인간관계가 이루어지는 것이다.

"당신이 생각하고 있는 정도로 나는 호인이 아닙니다." "당신의 기대로는 되지 않습니다."라는 신호를 표정으로 해 두는 것이 좋다. 요컨대 표정에서 빈틈이 없어야 한다.

■ 효과적인 거절의 신호

[1] "당신은 나에게 함부로 접근해서는 안 된다."는 신호
   이것은 방어의 표정으로 나타낸다.
   1. 턱을 앞으로 내민다. 이것으로 전투태세에 들어갔다는 것을 전할 수가 있다. 상대는 접근하는 것을 주저할 것이다.

2. 이를 꽉 다문다. 하관(下觀)이 튀어나온 느낌이 될 것이다. 이것으로 상대는 당신을 만만하게 여기지못하게 될 것이다.
3. 눈의 표정으로 마무리를 한다. 눈 주위의 근육, 특히 아래편에 힘을 넣어 상대를 노려본다. 약간 무서운 표정이 될 것이다.

[2] "나는 당신을 믿지 않는다."라는 신호

이것은 의혹(疑惑)의 표정으로 나타낸다.

1. 턱을 끌어당긴. 턱=자아(自我)를 나태나는 탓에 자기를 감추며 상대를 엿본다는 뜻이ㅣ 된다.
2. 그대로 상대를 본다. 눈은 치켜뜨게 되어 "나는 경계를 하고 있다. 적의(敵意)마저 지니고 있다."는 신호를 보낸다.

이 두 가지 신호를 적당히 구별하여 쓰면 당신은 얼굴에 자물쇠를 잠그고 있는 것이 된다. 그러면 언제 자물쇠를 잠그는 것이 좋은가? 타이밍을 맞추는 것은?

■ 얼굴의 표정은 차금(借金), 보증인 부탁을 거절한다

"아! 저 사람, 무언가 나에게 부탁할 일이 있는 것 같군." 또 뻔뻔스럽게 찾아온다고 느껴질 때가 있을 것이다. 돈을 빌려달라거나 은행 대출의 보증인이 되어 달라는 등의 부탁인지도 모른다. 이럴 때, 아침에 만나는 순간, 또는 우호적으로 대화를 할 때에 돌연 한 순간 얼굴을 흐리게 하여 [1]이나 [2] 어느 편이든 표정을 짓는다. 불시에 당하는 이런 응대에 상대는 본능적으로 긴장하게 된다. 이것이 잠재의식 중에 스트레이트로 박혀서 인식하면서도 마음 속으로는 *"이 이상 가까워져서는 안되겠는걸."* 하면서 경

종을 울리게 된다.

그러면 가령 은행 대출시 보증인 구할 때라도 그 명부에서 당신의 이름은 떠올리지 않을 것이다. *"이 사람은 안돼."*본능의 소리가 떠오르게 될 것이다.

직장에서는 아무리 뻔뻔스러운 후배가 있어도 여러사람 앞에서는 하지 말아야 한다. 이 후배가 젊으면 젊을수록, 또는 아름다우면 아름다울수록 당신이 질투심에 타서 괴롭히고 있다고 주위 사람은 오해하기 때문에 오히려 역효과가 나타난다.

■ 상대편에서 교섭이 어려워지면 화장실을 빌린다

어떤 친구의 집에 도둑이 들어 뜰에 대변을 남겨놓고 갔다. 경찰의 말에 의하면 도둑은 자기 기분을 가라앉히기 위해 도둑질하기 전에 흔히 대변을 본다는 것이다. "여기는 나의 세력권이다. 겁낼 것이 없다. 침착하게 일을 보라."라고 자기를 타이르고 나면 이상하게도 성공한다는 것이다.

"소변으로는 안 됩니까?" 급하게 달려온 장난기 섞인 나의 질문에 대해

*"개 같으면 오줌으로 충분하지만 사람의 경우는 주저앉는 동작도 마음을 가라앉히기에 이런 경우 오줌으로는 안 될 것입니다."*경찰의 명쾌한 대답이었다.

대변의 경우 냄새가 지독한 탓에 세력권 표시로도 분명한 표시가 될 것이다. 말이 나온김에 우리들에게 귀중한 조언을 해주는 것이었다.

다른 집에서 의론할 일이나 교섭을 할 때에 잘 풀리지 않고 불리하게 될 경우가 생기면 *"잠깐 실례지만 화장실에 다녀오겠습니다."* 하고 천천히 걸어 들어가 용무를 보고 나온다. 다시 상대 면전에 돌아왔을 때는 참으로 시원스런 표정이 되고 기분도 가라앉아서 다시금 차분히 생각할 마음의 여유를 되찾게 된다. 그와 반대로 상대는 설령 당신을 궁지에 몰아넣고 있을지라도 기가 꺾이고 불안을 느끼고 있다. 더구나 약간은 화장실 냄새를 풍기고 있다. 그 냄새는 손을 씻은 정도로는 가셔지는 것이 아니다. 배설물의 냄새는 강한 세력권의 표적이라서 한 순간 혼란이 느껴지게 된다. *"여기가 내 집이었던가? 아니면 상대편의 집인가?"* 이것이 노리는 대목이다. 상대의 마음에 동요가 일고 있을 대, 이쪽 수정안을 내던지면 80%정도는 잘 되어진다는 것이었다.

이 경찰의 말을 어떤 경우에 실제로 써 볼 것인가?

교통사고, 기타의 소송사고에도 도움이 될지도 모른다. *"잠깐 실례합니다."* 하며 자리를 떠나서 다시 한번 차분히 고쳐 생각하면 유리한 결론이 나올지도 모른다. 단지 손위의 사람을 찾아가서 좋은 인산을 남겨두고 돌아와야 할 경우는 해서는 안될 것이다. 잠깐 사이의 소변이라면 모르지만.

이것은 세일즈맨으로 손님의 가정을 방문했을 때도 마찬가지이다. 상대의 노염을 타서 이제까지 남겨온 인상도 삽시간에 사라질 것이다.

■ 친밀감을 과시하려면 그 사람의 소지품을 익숙한 솜씨로 만져본다

동물들은 자기의 세력권을 표시하기 위해 분비물을 배설하거나, 나무 둥지를 갈가 놓거나, 몸둥이를 나무에 문지르거나 하여 후각이나 시각 등에 의한 신호를 표시한다. 인간의 경우도 상대를 끌어안거나, 접촉하는 등 그와 비슷한 행동을 하는 것이다. 그러나 점점 문명이 발전하여 더구나 지적인 사람이 불어나게 되면 약간 세련되고 운치있는 일을 하게 된다.

직접 접촉하면 야비하다고 여겨지는 탓에, 간접적으로 접촉한다. 요컨대 그 사람의 물건에 접촉하는 것에 세력권의 신호를 주위에 내보이는 것이다.

*"접촉하지 말아요. 이 사람은 내 사람이다."*라고……

당신의 애인에게 이성인 친구가 몹시 다정하게 굴 경우, 애인이 벗어놓은 외투를 주섬주섬 챙기거나 혹은 그의 지갑을 가지고 가서 *"지갑을 빠뜨렸어요."*라든지 그와 비슷한 행동을 하게 된다. 타인의 앞에서 직접적인 접촉을 하게 되면 뒷말이 나올 수도 있기에 외투를 챙기는 등의 차츰차츰 당신의 세력권을 확장해 가도록한다. 다만 절대로 이 간접 접촉을 피해야 할 것은 불륜의 직장연애인 경우다.

직장 동료와의 사이가 어느 정도 깊어지면 서슴없이 한 행동이 타인으로서는 하기 힘든 동작으로 그의 소지품에 접촉하게 되는 경우가 있다. 그러면 주위 사람들에게는 "저 두사람은……."하고 알려지게 된다. 그것이 서로에게 출세에 장애가 되기도 하고, 순식간에 분리한 처지에 몰리게 된다.

그런 탓에 직장 동료와의 사이를 감지 당하지 않기 위해서는 도리어 접촉하지 않는 훈련이 필요하다.

■ 사근사근하며 친하게 접근해 오는 사람에게는 최상급의 경어를

별로 매력이 없는 이성으로부터 꽃을 받거나, 여행을 하고난 뒤 선물을 갖고오면 '필요없다'라고 말할 수도 없고 버리지도 못한다. 그래서 결국은 받게 된다. 그러자 이번에는 돌아가는 길이 같은 방향이라며 따라온다. 이런 사람은 끈질겨서 귀찮은 존재이다.

이성간의 관계에서 상대에 사생활에 침입해 오는 사람도 있다. *"당신하고 요전에 함께 가던 남자 연인이죠? 이미 이야기가 되었나요? 오늘도 데이트 하세요? 아니면 곧바로 집으로 가나요? 그럼 함께 어때요? 차라도 한찬 하고 돌아가지 않겠어요?"*라며 이쪽이 도망가지 못하게 선수를 치고 온다.

이런 사람은 다른 사람의 사정이나 생각에 둔감하다. 그런 탓에 이쪽의 형편이나 생각에 상관없이 치근덕거리며 따라 붙는다.

공격을 받으면 방어법도 있기 마련이다. 그러나 서슴없이 다정스럽게 접근해오면 귀찮지만 딱 잘라 거절하기가 어렵다.

그렇다고 적으로 돌릴 수도 없어 망설이고 있으면 물러서지 않고 더욱 접근해 온다. 이런 사람에 대해서는 어쩔 것인가? 침묵으로 대하는 것도 능수가 아니다. 침묵은 오히려 상대의 오해를 받기 쉽다. 우선 말로써 물리치는 방법을 궁리해야 한다.

1. 친밀한 말은 일체 쓰지 않는다.
반말등의 친한 사이에만 쓰는 언어는 사용하지 않는게 좋을 것이다.
2. 흐릿한 말은 쓰지 않는다.
"그렇게 생각한다.", "어쩌면 좋아." 등 애매한 말은 피하고 생각을 분명히 표현한다.
3. 소원어(疎遠語)를 써서 마음의 거리를 둔다.

소원어는 친밀어와 반대의 말로서 경어가 여기에 해당한다. 잘 쓰면 경원의 신호를 상대에게 전하게 된다.

요커데 좀 지나치게 공손할 만한 경어를 써서 말끝을 분명히 끝어서 말한다. 이것으로 상대는 접근하기 어렵다고 스스로 개달아서 점점 거리를 두게 되는 것이다.

■ 경어를 써서 상대를 멀리하는 TPO

우연히 전혀 흥미가 없는 남성과 단둘이 될 경우가 되었다. 그쪽에선 눈빛으로나 동작으로도 당신에게 접근하려는 모습일 때 써보면 좋을 것이다.

서먹서먹한 느낌을 주며, 명확하게 일선(一線)을 그어놓는 태도가 상대에게 전달되어 스스로 멀리하는 것이 효과적이다. 직장 동료에게서 부탁을 받거나 추가적인 업무를 받은 경우에는 *"싫어요!"*, *"할 수 없어요."* 같은 말은 안 하는 것이 좋다. *"아니요, 죄송해요."*, *"실례합니다."*, *"하지 말아 주세요."* 라는 표현을 하면 상대는 누그러지는 것이다.

다만 상대가 윗사람일 경우 등은 사근사근하게 귀찮다고 생각되어도 조금 더 부드럽고 유순한 태도로 대하는 것이 좋을 것이다.

기분이 안정되지 않은 날은 기도하는 리듬으로

■ 모음을 길게 빼는 소리에는 진정효과가 있다.

어느 작가가 「나의 세계」라는 대담 중에 이런 말은 하였다.

'내가 살아온 길, 이제부터의 길을 생각하면 여기서 한번 자기자신을 무언엔가 부딪쳐보고 싶고 새로운 나를 만들어보고 싶어 종교를 생각했다. 천주교의 유명한 신부에게 세례를 받을 생각으로 공부한 시기도 있었다. 그러나 결국 불교에 들어오게 되었다.'는 그 작가의 말이나 불교나 기독교, 어느 것이라도 좋았다라는 말이 나에게는 매우 인상적으로 느껴졌다.

이 세상에는 불치의 병이나, 친척의 사망, 피할 수 없는 불행한 사건, 뜻대로 되지 않는 사람의 마음 등, 인간의 힘이 미치지 않는 것이 수없이 많다. 생각하면 생각할수록 불안한 생각이 잇따르고 있다.

우리들의 선조는 이런 피할 수 없는 불안이나 공포에서 자기의 마음을 지키기 위해 종교에 마음을 의지할 곳을 찾아내었을 것이다.

기독교·불교·이슬람교 등 각기 아주 다른 개조(開祖)를 모시고, 그러면서도 여러 민족에게 전승되어 오고 있다.

그런데도 불구하고 이들 종교에는 사람의 마음을 편안하게 하는 방법에는 공통된 것이 있는 것 같다.

그 하나는 기도하는 말의 리듬과 선율(旋律)이다.

불교의 경도, 기독교의 성가, 이슬람교의 높은 탑에서 흘러오는 높은 소리의 기도 소리도 모음(母音)을 길게 빼며 흔들리고 있다. 이 모음을 길게 빼며 흔드는 소리에는 진정(鎭靜)효과가 있다고 일컬어지고 있다.

두 번째는 손바닥을 모으는 동작이다.

불교의 합장도 기독교의 손가락의 끼는 동작도, 회교의 기도를 시작하는 동작도, 회교의 기도 시작하는 동작도 모두 몸 앞에서 손을 합친다. 손을 합치면 참으로 마음이 진정되고 교만한 생각이 말끔히 사라지게 된다. 사람은 자기와 같은 체온에 닿아 있으면 마음이 매우 평정하게 된다고 한다.

사람은 누구나 의지할 것을 바란다. 욕심으로 흔들리는 자신을 어떻게라도 억제하고 겸허하고 살고 싶어진다.

이럴 경우 어느 종교라도 있으면 매우 좋다.

■ 즉시 효과가 나타나는 진정술(鎮靜術)

장소는 조용한 곳이나 혼자 있을만한 곳이면 좋을 것이다. 모음을 흘리는 느낌으로 기도의 음률을 입안에서 굴려본다. 가장 진정 효과가 있는 모음은 수열이라고 하니 해보기를 바란다. 쭉 계속해 나가면 하품이 나온다. 나는 졸리기도 하였다. 그러나 아열은 해봐도 하품은 나오지 않았다. 이상한 일이다. 잘 알려진〈반야심경〉반야파라는 밑에서 시작하여 색즉시공(色卽是空), 공즉시색(空卽是色)이라는 유명한 말이 있는 짧은 불경이다. 불경 중에서도 대중적인 것이다. 전부가 286글자이지만 그 중에서 우열로 끝나는 글자가 약 40% 정도다. 이런 탓에 정신이 진정되는 것이다.

마음이 불안한 때에 시험삼아 몸의 어느 부분이든 손을 대고 소리내어 보기 바란다. 꼭 불경이 아니더라도 일바나 대중가요라도 소리내어 불러보면 마음이 진정될 것이다.

혹 다름 사람의 몸에 손을 대어도 좋다. 정신을 안정시키기 위해서라고 양해를 구하면 이해할 것이다.

성급한 것을 고치자면 양념을 엷게 한다.

■ 싱겁게 먹으면 가족 간의 싸움이 줄어든다

꽤 오래 전에 닭을 키운 일이 있었다. 그때 알게 된 일인데 수탉한테 채소를 먹이지 않으면 성질이 거칠어지는 것을 알게 되었다. 사람이 가가이 가면 마치 울안에서 튀어나와 덤벼들 것 같은 모습이 보였다. 우는 소리도 공격적이다. 그런데 이틀간이나 넉넉하게 채소를 먹였더니 아주 얌전해졌다.

사람도 불안해 할 때는 야채를 많이 먹으면 기분이 안정된다고 한다. 반대로 야채를 그만 먹고, 육류를 많이 먹으면 전투적으로 변한다.

러시아워에 만원 버스로 와르르 몰려드는 사람은 육류를 즐기는 사람이다. 몇 대나 놓치고 지각할만한 사람은 채식주의자다운 사람이다. 그러면서 병에 잘 걸리지 않는 사람은 야채를 즐기는 사람이다. 육류를 즐기는 사람은 회사에서도 언제나 점수를 따서 쑥쑥 진급과 승진을 하지만 어느 날 갑자기 암에 걸려 불쑥 죽어버리기도 한다. 최근 큰 무리를 빚는 교내 폭력이나 가정 폭행들도 인스턴트 식품의 과식과 함께 야채나 섬유질의 부족 등에도 원인이 있다고 말하고 있다.

야채를 먹으면 왜 거친 기질이 고쳐지는가? 투쟁심이 억제되는 가? 이 문제는 아직 과학적으로 해명되지 않고 있다.

또 인간의 투쟁심이나 폭력 경향에는 염분(鹽分)의 섭취량과도 관계가 있다고 한다. 좀 지난 이야기이지만 전시 중에 어느 지역에서 군인들의 전투 의욕이 아주 떨어진 사태가 발생하였다. 여러모로 조사를 한 결과 그 지역은 섭취량이 극단으로 부족했다는 것이다.

염분이 적으면 투쟁심이 억제된다. 더구나 극단으로 줄이면 몸이 나른해져서 의욕마저 상실하는 모양이다.

여러 곳을 돌아다니면서 알게 된 일이지만 염분을 쉽게 섭취하는 곳과 그렇지 못한 지역의 사람과는 접촉할 때에 상당한 차이가 있다.

염분을 쉽게 섭취하는 지역의 사람들은 처음은 매우 유순하고 겸손하지만 한번 성을 내면 요지부동이다. 손자대까지도 서로 미워하는 지역이 있다.

염분을 적게 섭취하는 지역의 사람들은 처음은 자기 이익이나 무언가 지나치리만큼 따지고 밝히려든다. 그러나 의견충돌이 있으면 서로 잘 타협하여 쉽게 화해가 이루어진다.

이런 예도 있다. 입이 삐뚤어지도록 짠 것을 즐기고 있던 지역에서 감염(感染)운동이 전개되어 이것을 먹게 되고부터 가족 간의 갈등이 줄어들었다. 이제까지는 "쫓아내라." 집을 나간다." 등의 갈등과 싸움이 계속되던 지역이었다.

어느 편이든 먹는 것이 인간의 성격이나 감정에 미치는 영향이 크고 무서운 결과를 가져오는 것이다.

경쟁심이나 투쟁심을 억제하려면 감염운동과 채식운동을 실해해 보는 것이 효과가 있을 것이다.

인간관계에 피곤해지면 초목이나 동물을 본다.

■ 자연으로 운을 세탁하며 인간관계과 솔직해진다

아주 지쳐버렸을 때, 사람의 얼굴을 보지 않는 것이 가장 좋다. 원숭이도 안 좋다. 사람과 비슷한 표정을 하고 있으니 안면근육이 복잡하게 움직여 반갑다든가, 싫다는 등의 표정을 짓는다. 나는 어쩐지 원숭이가 좋아지지 않는 타입인 것 같다. 동물원에 가서 원숭이라도 보면 기분이 가벼워지리라는 기대를 가지고 가서는 완전히 실패했다. "당신같은 사람, 싫어요."하는 표정으로 만나니 말이다. '나는 원숭이에게 까지도 환영을 받지 못하는 구나.' 자존심이 상하는 충격을 받게 된다.

인간관계에서 피곤해진다는 것은 사람의 생각을 잘못 이해하거나 자기가 잘못 짐작하거나 서로의 마음이 통하지 않을 때, 어찌지도 못할 때 느껴지는 상황이다. 혹은 사람의 표정이나 행동을 파악하는데 지쳐 있을지도 모른다.

어느 유명한 정치인에게서 이런 이야기를 들은 적이 있다. 그는 날마다 몇 백명의 사람을 만나고 있었다.

사람의 얼굴만 많이 보고 있으면 눈이 오염 된다. 가끔은 풀이나 나무를 보며 눈을 깨끗하게 하지 않으면 바른 눈으로 볼 수 없게 된다. 그리고 인간 혐오증에 걸릴 때가 있다. 인간이 싫어지면 곤란해져서 가끔 분재(盆栽)의 손질을 하게 된다. 사람에게 지치면 확실히 인간 혐오증을 느끼게 된다. 그러나 이 세상을 살아가고 있는 이상 죽을 때까지 사람과의 관련은 피할 수 없다.

사람을 싫어하게 되면 비참한 생각으로 오랜 세월을 살아가지 않으면 안 된다. 아마, 주위 사람도 상처 입게 할 것이다. 그런 탓에 사람이 싫어지게 되기 전에 눈을 씻으려 야외로 나가 보는 것도 도움이 될 것이다. 꽃, 풀, 새 등 자연을 보며 눈을 씻게 된다. 대로는 2~3일간 계속해 본다. 그런 뒤 인간 사회로 되돌아온다. 그리고 새로운 눈으로 사람과의 접촉을 새로 시작하면 의외로 상대의 마음을 정확하게 파악할 수가 있다. 기성 관념없이 사람을 보게 된다.

이제까지 싫은 사람이라고 여기고 있던 사람이 '사실은 매우 좋은 사람이었구나'하고 깨닫게 될 때가 반드시 찾아올 것이다.

나쁜 체험을 했을 때
바르고있던 향수는 버려야 한다.

■ 여성은 슬픔을 냄새로 기억하고 있다

노란 프리지아(freesia)를 한아름 안고 그의 아파트로. 오늘은 그의 생일. 벅찬 마음으로 인터폰을 누른다. 그런데 무언가 걸린 듯한 그의 목소리, 열려진 현관문에는 여성의 구두, 난처해하는 그의 얼굴, 아무말도 안하고 휙 돌아서서 달려나와, 길가 쓰레기통에 꽃다발을 던져 버리고……

마치 드라마로 꾸미면 청춘물의 한 장면이 될 것이다. 그리고 나서 몇 년의 세월이 흘러 행복하게 결혼하여 아이가 성장하고 나서도 프리지아의 꽃 향기를 맡을 때마다 슬펐던 기억이 되살아 난다. 그의 얼굴 등은 희미하게 기억하고 있지 않으면서도 슬픔 만이 꽃의 향기와 함께 떠오르게 된다.

여성은 슬픔을 냄새로 기억하고 있다고 한다. 시각·청각·촉각 의 어느 편보다 강렬하게 후각이 슬픔을 기억하고 있는 것이다. 그 이유는 무엇일까?

호흡과 관계가 있다. 기쁠 때는 호흡이 얕아지고 슬플 때는 깊 어진다. 코로 깊숙이 들이 쉴 때는 냄새도 함께 꽉 잡아서 동시에 기억한다.

그런 탓에 어떤 경우에 그 냄새를 만나면 컴퓨터에 입력되어있는 기억이 재생되듯 같은 조건으로 재현되는 것 같다. 호흡도 고동(鼓動)도 몸의 형편도 슬펐을 때와 같은 상태로 된다.

그리고 가슴이 짓눌리는 것 같은 기억이 되살아난다. 이것은 일종의 조건반사이다.

내가 알고 있는 사람 중에 사랑하는 사람과 아주 슬픈 이별을 한 사람이 있다. 그녀는 그 슬픔에서 보기좋게 벗어났지만, 담배 냄새를 맡으면 그 슬픈 이별을 상기(想起)하게 된다. 그리고는 기분이 울적해진다. 상대 남성이 아주 담배 골초였었던 것이다. 일의 방해가 된다고 느낀 그녀는 출장을 갈 때면 언제나 꼭 금연차를 이용하곤 하였다. 싫은 기억을 하지 않기 위해서였다.

그 기억에 연관되는 냄새를 가능하면 없애려는 것 – 이 것도 하나의 슬기일 것이다.

2

타인을 적으로
돌리지 않는 법

동성을 내편으로 하기는 어렵다

동성끼리 서로 마음이 통한다는 것은 원칙적으로는 간단할 일이다. 공통된 체험이 많이 있는 탓이다. 그러나 서로 한편이 되기에는 몇 가지의 어려운 조건이 필요하다.

첫째 공동의 적이 있으면 이때는 조건없이 한편이 될 수 있다.
둘째 이익이 일치 할 것.
셋째 피부감각으로 그 동성이 싫지 않아야 할 것.
넷째 질투심을 느끼지 않게 될 것.

이 네 가지 조건을 갖추기는 어렵다. 결국 한편으로 되는 동성은 적다는 것이 된다. 그 점을 남성은 공동전선으로 짜서 스크랩을 짜는 것이 쉽다. 그 이유는 옛날부터 남성들은 협력하여 사냥을 하여 서로 나누어 가면서 살아온 탓이다.

그러나 여성은 남자들이 가져온 물건을 아이들과 자기를 위해 지키고 보관하는 것이 해야 할 일이었다. 만일 남자에게 자기 이외의 보호해야 할 여성아 생긴다면 분배될 양이 아주 줄어진다.

자기 것을 지키기 위해서는 다른 여자가 생기지 않도록 비는 방법밖에 없을 것이다. 그래서 여성끼리는 적이라는 말이 있다. 또한 한편이 되기는 어렵다는 말이 있다.

시대가 변하고 여성이 활약하게 되어서도 마치 꼬리가 남아 있듯 그 의식은 남아있다. 자칫 잘못하여 잊어버리고 서툰 짓을 하다간 생각지도 못할 부상을 당할 수도 있다.

직장의 여성은 동료지만 한 편은 아니다.

■ 신입사원이면 다만 오직 눈에 보이지 않도록

직장인의 심리는 남성사회의 원칙과 여성사회의 본심(本心)이 동거하고 있다고 말해지고 있다. 「모두가 협력」, 「밝은 직장」 등의 원칙의 그늘에는 「혼자 두드러져야지」, 「나혼자만 예쁨을 받아야지」, 「경쟁 상대를 물리쳐야지」라는 등의 본심은 감추어져 있다. 그런 탓에 신입사원이 오는 것만으로 선배 직장인의 심증은 불안해지는 것이다. 그러므로 신입사원은 다만 오직 눈에 띄지 않게, 선배들의 질투심을 되도록이면 유발하지 않도록 참고, 또 참는 태도로 나가는 것이 가장 중요하다.

이 참는 태도는 장래에는 반드시 당신에게 유리하게 작용할 것이다.

적을 만들지 않으면 에너지를 모두 일에 쏟을 수 있다. 따라서 능률도 신장할 것이다. 반격하는 것은 실력을 얻고 난 뒤에라도 늦지 않다. 싸움은 장기전으로 해야 한다.

■ 시각에 의한 질투의 봉쇄작전

신입사원은 오직 눈에 띄이지 않게

　직장상사의 시선은 사원에게는 파이 과자와 같다. 가령, 여기 3명의 사원이 있다. 거기에 한 사람의 신입사원을 더하면 파이과자는 네 사람 몫으로 나누지 않으면 안 된다. 게다가 상사의 눈은 신입사원에게 더 흥미를 갖는다. 파이 과자의 반절을 신입사원에게 빼앗길지도 모른다. 그렇게 되면 남은 절반을 세 사원이 나누게 된다. 그런 처지에서 이 신입사원이 눈에 띄는 행동을 하면 구박하고 싶은 것도 어찌보면 당연할 수도 있다. 상사들 앞에서는 *"음 귀엽네! 밝은 색이 잘 어울리는데."* 하며 선배다운 칭찬을 하지만 사실은 반대로 남이 안 보는 곳에서 일을 일부러 잘못 지시하거나 전표를 감춘다거나 하며 함정을 몇 겹으로 마련하는 것이다.

　그런 탓에 신입사원에게 아무리 정당한 이론과 의견을 듣더라도 '일도 제대로 못하면서……'라고 노려보기 마련이다.

그럼, 어떻게 하면 좋을까!

1. 화려한 색의 옷은 입지 않는다.

노랑·빨강·연두·오렌지 등의 네가지 색은 사람들의 눈에 띄기 쉽다.
누가 입더라도 눈에 잘 띄인다. 검정색이라도 몸에 딱 붙게 디자인한 것
은 타인의 눈을 끌게 된다. 또한 노출이 있는 디자인도 피해야 한다.
반대로 의외로 무관심하게 넘길 수 있는 말을 하자면 질투심을 갖
게 하지 않으면서도 호의적으로 보이는 색도 있다. 그것은 감(紺)
색과 다(茶)색이다. 흰 깃이나 적당한 레이스가 달려 있으면 최고
다. 시선이 끌려오게 마련이다.

2. 심한 색조화장을 하지 않는다.

남성이나 여성 모두 화장을 하는 시대이다. 하지만, 너무 짙은 색조
화장을 하게 된다면 "화려한 사람"이라고 비판받는 것은 틀림없다.
그러므로 피부톤 정리와 같은 가벼운 화장을 권유한다.

■ 청각에 의한 질투의 봉쇄작전

목전에서 이성이 다른 이성을 칭찬하는 것, 그것을 보고 있는
다른 이성은 본인이 무시당하고 있는 것과 같은 기분을 느낀다.
굴욕감으로 가슴이 메일 수도 있다.

만일 당신이 반대로 칭찬을 받는다면 어떨까? 가령, 다른 사람
들이 있는 앞에서라면 적당한 구실을 만들어 그 자리를 떠나는
것이 가장 좋은 방법일 것이다. 또 남성이 당신을 두둔하며 농담
을 한다면 *"어머!"*라든가 *"싫어요. 곤란해요!"*한다면 상대는 더 기

가 성할 것이다. 이럴 대도 관심을 끌지 못하는 이성에게는 마음
이 편하지 못할 것이다.

　개인적인 친구의 전화는 특히 주의할 것. 작업중이거나 집무중
의 전화는 되도록 삼가할 것. 문제는 상대편에게 걸려오는 전화이
다. 데이트 장소의 의논도, 아무리 눈치 채지 않도록 조 심하여도
선배들의 예민한 육감은 속이지 못한다. 괜히 뒷말이 나오지 않도
록 개인 용무의 전화는 당신이 거는 방향으로 하면 좋을 것이다.

■ 촉각에 의한 질투의 봉쇄작전

　타인의 스킨십을 보게 될 때는 못볼 것을 본 것 같은 기분이 든
다. 그리고 예외없이 불쾌감을 느낀다. 직장에서는 별로 이런 일
이 없을 터이지만 연회석상에 서는 주의하지 않으면 안 된다. 손
버릇이 좋지 못한 남성 옆에 는 되도록 앉지 말 것. 만일 쫓아와
서 앉으려고하면 가장 귀찮 은 여성 선배 옆으로 피할 것이다. 그
녀를 방파제로 삼는 것이 가장 좋을 것이다. 그 선배로서도 손대
기 좋아하는 악한으로부터 지켜주었다는 만족감을 느껴서 당신
을 눈여겨 보게 될지도 모른다.

■ 후각에 의한 질투의 봉쇄작전

　향수나 코롱은 직장에서는 사용하지 않는 것이 좋을 것이다. 냄
새를 뿌린다는 것은 앞에서 말한대로 세력권을 확장하는 것을 뜻

하는 것이다. 대신 질 좋은 비누를 쓸 것이다. 세수할 때도 쓰는 비누를 전용(專用)의 것으로 한다. 사무실에 좋은 냄새를 은근히 풍기게 될 것이다. 마음도 안정되고, 좋은 기분으로 일을 할 수가 있다. 또 직장동료에게 서류를 건넬 때에도 은근하게 비누 냄새가 풍겨 주위에서 인상 깊게 당신을 기억하게 될 것이다. 비누 냄새 정도로는 다른 직장동료들에게 피해를 주지 않을 것이다.

■ 미각에 의한 질투의 봉쇄작전

가령 퇴근길에 선배의 OL에게 권유되어 식당에 가게 될 경우 그럴 때 선배가 '보통 것으로'주문했다. 신입사원인 당신은 '나는 특별로'이것은 절대 안 된다. 계산은 자기가 하더라도 어느 편이 좋은 것을 먹는가가 어느 쪽이 위에 서는 가로 이어지는 것이 된다. 또 두부를 아주 싫어하는 타인 앞에서 두부를 주문하는 것은 실례가 된다.

■ 아무리 입이 간지러워도 타인에게는 비밀을 누설해서는 안 된다

어느 대기업 사장의 아들과 광고 대리점 중역의 딸. 극비리에 진행되어오던 연담이 주간지에 취재된 일이 있었다. 주식(株式)증권(證券)에도 영향을 미치는 중요 기밀이었다. 폭로한 것은 여성의 친구, 그러나 그 친구는 절대로 비밀을 누설하지 않았다고 주장하였다. 심리학자의 분석에 따르면 그 사정은 이러한 것이었다.

인간은 비밀을 만드는 것을 즐긴다. 그러나 그 이상으로 누설하는 것도 즐긴다. 특히 자기만 알고 있는 정보를 타인에게 전하는 순간은 거의 인간이 느낄 수 있는 최고의 도취감에 비하지 않을 정도의 황홀감을 느낀다. 친구가 자기를 믿고 귀띔해주었다. 이것은 입이 찢겨져도 말할 수 없다. 그러나 누설하고 싶은 유혹은 그것에 비해서 더욱 강렬하다.

그럴 때, 어떻게 하면 좋을 것인가? "알고 있지만 말은 할 수 없어."라고 힌트만을 누설하는 것 이라고 한다. "나는 비밀을 말하지 않았다. 다만 힌트만을 준 것이다."

그러나 이 힌트가 말미가 되어 듣는 편에서 수수께끼를 푸는 것은 자유이다. 이런 연관을 가져오게 하는 것이다. 이것은 제3자에게는 모든 비밀을 털어 놓는 결과와 같은 것이다. 그러나 본인은 "비밀은 지켰다."라고 굳게 믿고 있다.

요컨데 설령 친구일지라도 타인에게 비밀을 누설해서는 안 되는 것이다.

설령 힌트를 말한 것에 지나지 않더라도 폭로되고나면 친구를 미워하게 된다. 의심하게 되고 서로가 신뢰하지 않게 된다. 비밀이 누설된데다 친구마저 잃어버리는 불행한 결과를 가져온다. 그것을 피하려면 아무리 입이 간지러워도 비밀은 자기 마음 속에 잘 간수해 두어야 한다.

■ 함정에 빠졌을 때는 자연스럽게 눈물로 장본인에게 의논한다

이것은 어느 방송국 아나운서의 전쟁기이다.

선배가 후배의 원고를 방송 직전에 숨겨버린 사건이 있었다. 후배 아나운서는 원고가 없는 탓에 방송에 일분간의 공백이 생기고 말았다. 선배가 감추었다고 짐작은 하면서도 증명할 방법이 없었다. 그녀는 방송에 공백을 낸 것에 대한 전말서 쓰는 방법을 그 선배 아나운서에게 물으러 갔다. 화장도 엉망이 된 채, 울면서 *"어떻게 하면 좋아."* 하며 선배의 손을 잡고 호소했다. 짓궂은 선배도 이에는 동정심을 일으켜 전말서 쓰는 방법을 도와주며 아나운서 부장과 중역에 함께 사과하러가 주었다.

선배 아나운서로서는 '건방진 후배를 혼내 주어야지' 하는 당초의 목적은 후바개 일분간의 공백을 내고나서 운 것으로 충분 하게 달성된 셈이다. 그런 뒤에는 부드러운 좋은 선배로 돌아설 수 있게 되는 것이다.

그런데 이 사건에는 후일담이 있었다. 이 전에는 간단한 광고 방송은 거의 아나운서가 원고를 읽고 있었다. 개중에는 연필로 쓰여진 것도 있었다.

선배 아나운서가 어느 광고 선전의 원고를 읽기 직전에 누군가가 원고 내용의 글자를 고친 일이 있었다. 몇 번이나 읽어 본 원고였으나 방송심리라는 것이 이상하여서 일종의 흥분 상태로 빠져

버려 깨닫지 못하여 고쳐진 대로 읽어버렸다. 물론 물의가 생겼다. *'이것은 아마 후배 아나운서의 보복일 것이다.'*라는 소문이 돌았으나 결국 누구의 짓인가는 밝혀지지 않았다고 한다.

*'원고를 감추어버린 선배에 후배가 원고를 고쳐 보복'*쯤처럼 있을 수 없는 사건일 것이다.

만일 당신이 함정에 빠졌을 때 범인이라고 지적하더라도 신통한 해결이 되지 않는다. 그보다도 슬퍼하는 당신의 모습을 보임으로 적은 그것으로 만족하고 모성본능을 자극받아 안심하고 있을 때 자연스럽게 접근해 가면 쉽게 이 편으로 끌어들이게 되어 좋은 의논 상대로 만들 수 있게도 된다.

시어머니를 직장의 선배라 생각하면 대책이 마련된다

■ 공동생활의 배려는 직장이나 가정도 마찬가지다

자식이 결혼했을 경우 어머니는 딸, 아들의 일을 어떻게 표현하는가?

좀 주의깊게 들어보면 재미있는 것을 깨달을 수가 있다. 딸의 경우는 '딸이 경혼을 했다.'이에 대해 아들의 경우는 '아들이 며느리를 얻었다.'

어머니의 의식이 그대로 말에 나타나 있는 것이다. 귀중하게 키운 딸을 '며느리로 보냈다.'라고 말하기 싫은 것이다. 대동의 입장으로 '결혼했다.'라고 말하려 하며 아들의 경우는 '며느리를 얻었다.'라고 생각하고 있다. 미묘한 심리다.

며느리와 시어머니의 문제도 이와 비슷한 생각으로 생각하는 것이 빠를 것이다. 며느리란 한 가족으로 보면 신입사원을 맞아들인 것이다. 이런 사고법은 동양이나 서양 등에서도 비슷하다. 특히 유명한 가정, 재벌가·가족의 결속이 강한 집안에서는 뿌리 깊게 전해오는 일이다.

존 케네디와 결혼한 재클린은 케네디가라는 대 회사의 신입 사원과 같았다고 말해지고 있다. 아침 일찍부터 테니스, 승마 등 맹렬한 선배들, 묵직하게 앉아서 눈을 빛내고 있는 큰 중역급의 시어머니, 재클린은 머리도 들지 못할 뿐 아니라 여간 어려운 느낌을 느꼈다는 것이다. 영국의 찰스 왕자의 며느리도 엘리자베스 여왕에게 꽤 시달렸다. 그러나 고부간의 문제를 회사의 후배나 선배의 관계로 바꾸어서 생각하면 의외로 편안해지는 것이라 생각된다.

■ 동거라면 두 사람이 방으로 들어가는 타이밍이 요긴하다

갈등은 '식사 후 뒷처리를 하지 않는다'든가 '식사가 끝나면 바로 두 사람은 물러간다'든가 라는 데에서 시작되는 것이다. 그래서 회사의 퇴근 때와 같이 생각해 보면 어떨까?

잔업(殘業)을 하고 있는 선배에게 "도와드릴 일은 없습니까?" "아뇨, 걱정말고 돌아가세요" 이런 일은 흔히 있을 수 있는 대화다. 이 호흡을 가족끼리에 써본다.

"찻잔은 제가 씻겠습니다" "아니, 괜찮다"라고 "그렇습니까."하면서 방으로 들어간다면 서로 어색하다. 분명 남겨진 사람은 섭섭하게 느낄 것이다. 당신은 머뭇거리며, 안 닦아도 되는 식탁을 훔치거나 잔손질을 하거나 TV를 보면서 한두마디 감상을 말하거나, 20~30분 머뭇거리다 방으로 들어가면 모가 서지 않는다. 현대인들은 주위의 형편을 눈치채지 못하는 경우도 많다. 우선 당신부터 이 두루 배려해야 할 것이다.

시어머니나 시누이는 이웃의 눈치를 보며 며느리에게 잔소리를 한다

어느 고관의 부인이 이런 말을 하였다. *"집안 대대로 이웃 사람들의 눈에 띄지않게 조심스럽게 살아왔었고 나도 그 집안의 내력에 따라 조심조심 살아오기로 하였다."*

어느 가정에서도 시어머니는 이웃의 눈을 의식하는 것이다. 어떤 때 나는 오래간만에 동창회에서 2차, 3차 모임이 계속하여 새벽 한 시경에 기분좋게 집에 돌아온 일이 있었다.

다음날 아침, 시어머니께서 *"이웃의 눈을 생각하지 않으면 안 된다. 우리가 힘써야 할 것은 이웃들의 인심을 잃지 않는 일이다"*라고 하셨다. 약간 떨어진 거리에 살고 있었지만 들켜버리고 만 것이다.

사정이 어떻든 며느리의 밤늦은 귀가는 인정되지 않는다는 시어머니나 이웃의 입막음으로 좋은 방법을 쓰고 있는 젊은 신부가 있었다. 늦어 질 때는 남편과 만나서 함께 돌아 온다는 것 이다. 이용해 볼 만한 슬기로운 방법이다.

■ 먹는 것의 원한은 평생 남는다

태어나서 처음 익힌 영어가 "프리스 기브 미, 섬 초콜릿" 지프를 타고 오는 미국 병정에게 달려가서 손을 벌린다. 운수가 좋은 아이는 던져주는 초콜릿을 얻게 되었다. 그러나 다른 많은 아이들은 그 아이가 맛있게 먹고 있는 것을 군침을 삼키면 서 물끄러미 바라보고 있을 뿐……,

종전 직후의 이 기막힌 체험이 종전(終戰)을 경험한 사람들 에게는 잊혀지지 않는 추억으로 남아 있을 것이다.

먹는 것에 관한 미련은 매우 강하다.

예를 들어 눈앞에서 과자를 먹고 있거나, 차를 마시고 있으면 자기는 먹고 싶은 생각도 없는데도 괜히 비참한 생각마저 든다.

침을 삼키며 다른 아이가 초콜릿을 먹고 있는 모습을 쳐다보고 있던 어릴 때 일까지 똑똑하게 기억으로 떠올리게 된다. 그런 탓에 먹든 안먹든 간에 우선 *"잡쉬 보세요"*라 고 권해 볼 일이다. 먹지는 않더라도 그것만으로 만족하게 되는 것이다.

■ 여자는 뇌물에 약하다

어느 회사의 중역이 이런 말을 했다. *"남자사원이 회사에 공헌한 경우는 표창장 한 장으로 끝난다. 그러나 여자사원의 경우는 시계나*

양산, 목걸이 등 상품을 붙여서 표창하지 않으면 기뻐하지 않는다. 여자사원은 현실적인 것이다." 확실히 입으로 아무리 칭찬하여도 그것을 뒷받침하는 무언가가 없으면 진심으로 여기지 않는다. 일정의 본능일지도 모른다.

아무것도 부족한 것이 없는 시어머니라도 어버이날의 선물이나 연말에 인사를 하지 않으면 기분 나빠한다. 그런가 하면 모처럼 선물한 선물을 형수에게 줘버리기도 한다. 그러나 시어머니로서는 "아무개가 모처럼 나에게 준 선물인데 조금 하려하여 너에게 주는 것이다."하며 행복감을 느끼고 있는지도 모른다.

선물을 받아서 써버리면 즐거움은 한 번뿐. 그것을 "나는 매우 소중한 대접을 받았다."하며 자만하면서 자랑스럽게 "너에게 주는 것이다."하고 다른 사람에게 선물하면 상대는 황송하고 감사해 한다. 요컨대 시어머니는 기쁨을 2배나 3배로 맛보게 되는 셈이다.

그러니 며느리로서는 시어머니가 부족한 것이 없더라도 선물을 다시 돌리더라도 그런 것은 신경쓰지 말고 마음 내키는 대로 선물해 보는 것도 나쁘지 않다.

■ 시어머니께 남편의 푸념을 하면 잘 되어간다

"내가 자고있는 베갯머리에서 아내와 어머니가 손을 마주잡고 울고 있다. 거기에 할머니까지 나와서 이 자식을 죽이고 나도 죽겠다는 등 말씀하시니 아주 견딜 수 없다." 어느 남자 연극 배우가 잘 쓰는 농담이다. 그 배우의 집에서는 며느리와 시어머니 사이는 아주 원만한 집안이다. 사실 나도 술을 즐기는 시어머니와 한잔 나누면서 남편의 험담을 하는 것을 즐기고 있다.

이웃 사람들은 꽤 오랫동안 남편을 양자라고 여기고 있었던 모양이다. 그러나 이것은 며느리인 나와 사이좋게 하기위한 시어머니의 슬기였다는 것을 시어머니께서 사망한 뒤인 지금에야 문득 문득 생각되고 있다. 누구나 자기가 낳은 자식의 험담 을 말하는 것을 좋게 생각하지는 않는다. 그런 탓에 험담이 아니고 푸념을 시어머니께 토해 보는 것이다. "그 애는 어릴 때부터 마음은 순하면서 말하는 것은 서툰 아이라서……."등의 당신이 모르는 남편의 어릴 때 이야기를 듣게 되기도한다.

■ 아랫도리에 관한 여자의 감각은 언제까지 엄격

「인간은 자신이 별 생각없이 하는 동작에 집착하고 다른 사람이 무심하게 하는 동작에는 반발하거나, 혐오감을 느끼거나한다. 무심하게 하는 동작을 보다 강하게 관심을 가진다」

몸의 동작을 민속학적 견지에서 다루어 유명한 책이 된 《동작의 세계》라는 책도 있다.

이혼 원인의 하나로 되어 있는 「성격의 불일치」라는 것도 성격의 불일치 외에도 잘 살펴보면 웃을 일 조차 못되는 사소한 일이 많다.

"치약을 가운데부터 짜내어 쓰는 탓에 야멸지지가 못하다.", "식후에 이쑤시개로 이를 쑤시는 것은 야비하다.", "코를 풀고서 휴지를 한 번 다시 펴서 보는 것은 소름이 끼친다." 등등

그런데 화장실이라는 것은 바로 사적(私的)인 장소로 가장 좋은 곳이다. 남편에게도 아이들에게도 침범 당하지 않는 자기 혼자만의 세계, 어떤 스스럼도 없이 시원하게 용무를 볼 수 있다.

그리고 가끔은 잠깐 옆으로 빠져나와 아무에게도 눈치채지않고 외출하는 일도 일년에 한두 번 정도는 있기 마련이다. 그러나 시어머니는 놓치지 않고 눈치를 채어 "고양이처럼 어디를 짤짤거리고 다니느냐"고 내심 못마땅하게 여길 것이다. 좀 더 심술궂은 시어머니는 이웃에까지 좋지 않은 소문을 퍼지게 하는 일도 있을 것이다. 같은 여자 사이라서 모르는 척 덮어 주시면 좋았을 터인데라고 여겨지지만 그렇게 안 되는 것이 인간관계이다.

인간은 세력권에 집착하는 동물이라서 사람의 배설물의 흔적이 공동의 장소에 조금이라도 남겨져 있으면 화가 난다. 세력권을 점령당한 기분이 드는 탓이다. 그래서 그 사람의 수치가 될만한 일을 말해서 보복하려고도 한다.

서글픈 생각도 들지만 가족이란 것도 「세력권 의식과 완고한 동물의 집단」이라 생각한다면 문제가 조금은 정리하기 쉬워질 것이다. 가능하면 처음부터 화장실·목욕탕·세면실 등 세력권 의식아 강하게 느껴지는 장소는 떨어진 곳에 두는 것이 슬기로운 방법일 것이다.

싫은 타인과 사귀는 법

■ '눈에는 눈으로' 스타일의 사람인가? 왼쪽 뺨마저 맞으려하는가?

구박하는 사람

구박을 레크레이션 정도로 생각하는 사람도 정식적 가학증(加虐症) 환자도 당신이 무저항이라고 아라면 더욱 구박이 가중될 것이다.

1. 겁을 내는 모습, 쭈뼛쭈뼛하는 모습을 보여서는 안 된다. 고개를 똑바로 하고 상대의 시선을 똑바로 바라본다. 귀찮게 구는 선배가 사무의 설명을 할 때는 가끔 날가로운 눈매로 질문도 한다. 상대는 흠칫 할 것이다.

2. 귀찮게 구는 현장을 목격하는 사람을 찾아둔다. 두 사람만이 있는 것은 되도록 피한다. 목격자가 있으면 당신은 주위의 동정을 얻게 된다.

3. 보복할 능력이 있는 것을 풍긴다. 상대가 가장 두려워하는 것은 자기보다 능력이 있는 것이다. 귀찮게 구는 여자보다 뛰어난 것을 한 가지라도 가지고 있을 것, 연줄이 있으면 그 연줄에게 자연스럽게 알려준다.

수다스런 사람

다른 사람의 비밀을 알고 그것을 폭로하는 것을 무상(無上)의 기쁨으로 느끼는 사람이 있다. 다른 사람보다 새로운 중요한 정보를 많이 알고 있는 것이 그의 자랑이다. 주위 사람들도 즐겨서 그 정보를 이용하며 한몫이나 두몫을 두어 갈이 있게 하는 경우도 있다.

수다스러운 사람에게는 거짓정보를 알린다

그런 수다스런 사람을 한풀 꺾이게 보복을 하자면 면목을 실추시키는 일이다. 거짓 정보를 주어서 수치를 당하게 하는 것이다. 단지 너무 음험해서는 안 된다. 피해가 적은 화제를 선택해야 한다. 그리고 *"이것은 확실한 정보는 아니니까 말하지 말아요."*라고 최후에 반드시 주의를 두어야 한다.

수다꾼은 주의을 하면 더욱 자극을 받아 입을 담을 수 없다. 여러 사람에게 자랑스럽게 누설하고서 거짓 정보라고 알게 되어 화를 내더라도 당신은 역습할 수가 있다. *"확실하지 않으니 누구에게라도 말하지 말라고 주의를 시켰는데도⋯⋯.*

무서운 사람

무서운 사람은 무엇을 생각하고 있는지 알 수가 없다. 불안스러운 존재다. 차분하면서도 실력자인 경우가 많다. 조심하지 않으면 안 된다. 오로지 부처님을 섬기는 태도로 일관해야 한다. 부처님에게는 공손히 대해야 하지만 서툴게 섬기다가는 말꼬리를 잡혀서 심한 꾸지람을 들을 가능성도 있다.

그래서 가끔은 재치있게 작은선물도 하여 화를 당하지 않게 사전조치를 하여야한다. 상대의 험담 같은 것은 말하지 않는 것이 상책이다.

일류대학이나 대학원을 졸업한 고학력 소유자로 높은자리에 앉아 있기도 하다. 더구나 가정에서도 실력자인 경우, 엄격한 가족 구성원이 되는 일이 많다. 따라서 찾아가는 일을 게을리 하 지 말아야 하고 정성이 담긴 선물도 신경을 쓰며 섬기기에 각별한 조심을 해야할 것이다.

끈덕진 사람

친절을 강요하는 여자. 악의가 없는 탓에 거북하기도 하다. "양쪽에 버터를 바른 토스트 같은 여자"(불란서의 속담)이다. 손을 대면 칙칙하게 기름기가 묻어나서 처리가 곤란하다.

어떤 친절한 제의라도 상대의 감정을 건드리지 않고 깨끗이 신속하게 거절해야 한다. 끈질긴 여자는 약간은 우둔한 사람인 탓에 흐리멍텅하게 거절하면 거절이라고 깨닫지 못한다. 딱 잘라서 분명하게 거절해야한다. 단지 상대방이 끈질긴 성격이라면 알맞은 배려가 필요하다. 지나치게 딱 자르면 그 외 타인을 적으로 돌리는 결과를 가져온다.

차가운 사람

주위에 대해 냉정하고 무관심하게 대하는 사람. 두뇌가 좋은 사람들에게 많다. 고고(孤高)하게 몸가짐하는 것은 관련을 가지기 되어 자기가 상처받은 것을 극단으로 두려워하는 탓이며 사실은 고적한 사람이다.

이런 상대에게는 기회를 보아 농담을 걸거나 부추겨 보면 조금은 당황하면서 마음의 동요를 느끼게 된다.

손을 잡히거나 어깨에 손을 대는 것 같은 공격에는 익숙하지 못한 탓에 상대는 당황하면서도 당신에게 친근감을 느끼기 시작하게 될 것이다. 이지적인 탓에 만약 당신이 정서적이라면 친구로서 교제하면 도움이 될 것이다. 여러 가지 의견을 듣는데 편리할 것이다.

새침떼기 사람

자기가 높게 평가 받기를 즐기는 사람. 알지도 못하면서 고전음악회나 미술전시회에 간다거나 일류를 과장하려는 타입이다. 그러나 의외로 이런 밉쌀스런 사람에게 매혹당하기 쉽다. 단순한 상대는 아니라서 다소 복잡한 재치가 필요하다.

가령, 칭찬을 할 경우에도 상대에 직접적으로는 효과가 적다. 그녀를 둘러싸고 있는 지지자 앞에서 칭찬하여 간접적으로 전하게 되기를 계산한다.

적으로 돌려 배척하기는 약간 아까운 상대 인 탓에 당신의 동료로 사귀는 것이 유리할 것이다. 그의 박식과 날카로운 감각은 부정할 수 없는 사실이니 도움이 될 기회가 많을 것이다.

싸움을 잘하는 사람

화를 내는 호르몬은 쉽게 분출하여 성을 내는 사람. 화를 잘 내는 사람은 남성이나 여성모두 단순한 타입이 많다. 한 번 마음에 들면 전적으로 신뢰한다. 상대의 화가 가라앉는 시기를 보아 함께 식사나 같이 하자고 권하여 당신은 주로 듣는 편으로 "그래요. 그렇지요."하며 찬성하는 모습을 보인다. 그러면 상대는 당신을 자기 편이라고 여기게 될 것이다. 만일 당신이 누군가를 공격하고 싶으면 그녀를 부추기어 대리싸움을 시험해보는 방법도 있을 것이다.

얼빠진 사람

잘 흥분해 버리고 무언가 말하면 실수를 하는 여자. 바보짓은 죽지 않으면 고쳐지지 않는다. 일을 부탁하는 것은 피해야한다. 반드시 당신이 뒤치닥꺼리를 해야 할 난처한 처지가 된다. 만일 함께 일을 해야 할 경우에는 당신이 모두 혼자서 하는 편이 가장 안전하다.

시어머니가 이런 성격이라면 손자를 돌보는 일을 할 때라도 항상 주의를 게을리지 않는 편이 안전하다. 어떤 실수를 저지를지 모른다. 다만

일상생활에서는 다소 얼빠진 정도의 사람과 함께 생활하는 것은 나쁘지 않을 것이다.

얼빠진 여자는 수고하기 좋아하는 당신에게는 잘 어울리는 상대일 것이다.

작은 일에 구애받는 사람

수저를 올리고 내리는 것도 잔시를 하는 말하자면 편협된 기질의 사람. 행동은 조심스럽고 빈틈이 없지만 재미가 없는 사람에게 많다.

만일 상사(上司)나 선배가 이런 성격의 사람이라면 재난이라고 체념할 것이다.

당신도 빈틈 없도록 조심하고 정해진 대로 일을 하고 정리정돈에 힘써야 할 것이다.

시어머니가 이런 성격이라면 "어머님은 정말로 훌륭하시네요."하며 전면적으로 부추기도록. 아무리 힘을 써도 상대가 만족할 리는 없는 탓에 만족시키도록 정신을 쏟고 있으면 숨도 쉬지 못하게 될 수도 있다. 잘못하면 노이로제에 걸릴지도 모른다.

어긋나는 사람

소위 타이밍이 안 맞는 사람이다. 주위에 지나치게 신경을 써서 우유부단이 되어 언제나 뒷북만 치게 된다. 엉뚱한 때에 선물의 고마운 인사를 하거나 사람을 만나는 데도 때를 맞추어 인사도 못하거나 운동신경이 둔한 편이다. 성격적으로는 사랑 할 만한 데도 있지만 함께 일을 하게 되면 피해가 적지 않다. 다만 당신의 우수성을 주위에 알릴 필요가 있을 때는 어긋난 사람을 방패역으로 삼으면 적당 할 것이다.

꾸물거리며, 어긋나는 사람은 시어머니일 때는 당신에게 최고다. 주위 사람들은 당신을 슬기로운 좋은 며느리라고 칭찬을 아끼지 않을 것이다. 게다가 안심이 되는 것은 어긋난 사람들은 별로 심술쟁이가 없는 것이다.

변덕스러운 사람

기분이나 말이 변덕이 심한 사람. 이런 선배가 있으면 휘둘리기만 하여 정신을 못차리게 된다. 일을 할 경우에는 상대의 말에 곧바로 응대하지 말고 한참동안 상황을 지켜보는 편이 좋다. 그녀에게는 당신을 조금은 둔감한 여자로 여기게 하는 편이 득이다. 그리고 지시를 받아서 실행할 때는 *"누구와 같이 하면 좋겠지요?"* 하며 끈덕질 만큼 확인을 한다. 변경하지 못할 상황으로 상대를 몰아넣어 두는 것이다.

감정적인 만사가 매우 심한 편이라서 기분이 좋은 때를 가려서 재빨리 이야기를 매듭짓고 기분이 좋지 않을 때는 가까이 하지 않는다.

변덕스러운 시어머니를 모시려면 매우 어려운 일이다. 어떤 선물을 받았을 때라도 바로 돌려달라고 할지도 모른다. 속이 뒤집힐 때도 있을 것이다. 그러나 변덕스러운 여자는 감수성이 풍부하고 정직하다. 사람은 누구나 마음 속에 변덕스러운 요소를 간직하고 있는 것이다.

3

남성의 정체를 간파하는 법

남성감시로 여성의 인생을 즐기자

　훌륭하게 속임수를 썼다고 짐작해도 꼬리를 삐죽이 보일 수도 있다. 남자는 아기 너구리와 같은 것. 여성에게는 그것이 또한 말할 수 없을 만큼 귀엽기도 하다. 너무 귀여워 *"꼬리가 보이고 있어"* 하며 은근히 말해주며 당황하게 만들어 본다. 일부러 꼬리를 밟아 넘어지게도 해 본다. 때로는 따끔하게 바늘로 찔러서 비명을 지르게도 해 본다. 이런 짓을 해보고 싶은 것이 여심이라는 것. 세상 남성들을 얼마만큼 많이, 또 얼마만큼 많은 각도에서 관찰하거나 분석하느냐에 따라 여자의 인생이 재미있게 되는가, 그렇지 못한가는 여기에 달려 있는 것이다.

　좋아하는 남자나, 그렇지 못한 남자나, 필요한 남자도, 쓸모없는 남자도, 관계가 있는 남자도, 관계가 없는 남자도 차별 없이 닥치는 대로 감시한다. 머리 속에 남자 일기를 써보면 어떨까?

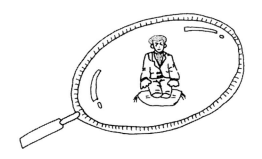

사회생활에의 적용성을 투시한다

■ 손을 잘 대는 남자는 인력(引力)이 강하지만 쏠쏠한 사람
— 재미있는 성장형(成長型)

매우 손대기를 잘하는 프로듀서가 있었다. 여성이든 남성이든 거침없이 접촉한다. 예를 들면 TV국 복도에서 불쑥 만난 배우가 있으면 *"좋은 셔츠를 입고 있군."*하면서 셔츠에 손을 댄다. 그의 손은 배우의 허리 쪽을 돌아서 안아 볼 자세. *"이번 편성에 너를 부탁해 두었지. 잘해봐."*둥 다정하게 군다. 이런 버릇은 배우나 카메라맨이나 진행자이거나 누구라도 상관하지 않는다. 그는 며칠 밤을 꼬박 세거나 식사도 별로 하지 않고도 전력투구하는 대단한 능력을 발휘한다. 참으로 이상한 능력의 소유자다. 그는 상대에 손을 대는 것으로 훌륭하게 교제를 해 나가고 있는 셈이다. 그러나 손을 대서는 안 되는 사람, 자기의 상사 등에는 적당한 거리를 두고 대화를 한다. 계산이 빠른 사람이다.

정치계의 고관들 중에서도 이런 버릇이 있는 사람도 적지 않다. 상대의 손을 꼭 잡고 눈을 지긋이 노려보면 *"싫어요."*하고 손을 뿌리칠 수는 없다. 이런 고관에게는 일년에 선물이라고는 대단한 것을 받지 않으면서도 *"성심껏 섬겨야지."*라는 생각을 가지게 한다.

이렇게 계획적으로 접촉하는 사람은 매우 인력이 있으며 자기의 생각을 상대방에게 인상 깊게 남기는 결과를 만든다.

대개는 가까이 접근하여 손을 대는 탓에 이 편에서 거리를 띄우기가 어렵다. 물리적으로 거리가 좁아지면 정신적으로도 거리가 좁혀지는 것이다.

바로 곁에서 만지면서 중얼중얼 말을 하면 이쪽은 판단력이 흐려지고 만다. 일종의 최면술이다. 이런 버릇의 현대인은 의외로 귀하다. 그들은 역시 수단꾼이라서 당연히 출세한다. 그러나 이런 사람의 결점은 "손 대는 중독"이 되는 것이다. 언제나 누구에게나 손을 대지 않으면 만족하지 못한다. 고독감을 느낀다. 자신의 가족만으로는 부족하다.

동료에게 손을 대고 싶어하고 항상 친구와 어울려 떠들고 싶다. 일년내내 그들을 집으로 데리고 와서 먹고 마시며 떠든다.

다른 가족들은 대접과 심부름에 쫓기게 된다. 만일 당신이 그런 분위기에 익숙해지면 이런 남편이나 부인은 재미있는 사람이다. 장래성이 있으니 함께 걸으며 계단을 한 층 한 층 올라가는 것도 나쁘지 않은 인생이라 여겨진다.

■ 턱을 내미는 남자는 적을 만든다. 실력이 있으면 플러스로 바뀌지만

TV에 출연하는 사람 중에 가끔 턱을 내밀고 있는 사람을 보게 된다. 이런 턱은 화를 가져오기 쉽다. 바라보고 있으면 *"왜 그런지 교만해 보이고 시청자를 무시하고 있는"*듯 느껴진다.

보통사람의 턱을 0도라 하면 20도 정도 위로 내밀려 있다. 더구나 얼굴은 전연 움직이지 않고 눈만 비스듬히 아래를 흘깃 흘깃 움직이고 있으면 불쾌하게 보인다. 이런 표정은 모사(謀士)의 표정"이라는 것이다. 중국의 속담에 나오는데 사람을 함정에 떨어뜨리는 모사가 이런 표정을 한다는 것이다. 상대에게 적의(敵意)나 불쾌감을 가지게하는 손해보는 표정이다.

당신도 시험삼아 거울 앞에서 잠깐 해 보기 바란다. 턱을 쑥 앞으로 내밀고 자기의 얼굴을 보면 얄미운 표정으로 느껴질 것이다.

턱은 심리학적으로 자아 = 완고를 뜻하는 것이라고 하였다. 자기 고집을 쑥 내민 것이니 상대는 공격당하는 것이라 생각 하게 된다. 물론 본인은 그런 생각이 전연 없는데도 말이다.

자동차 사고 등으로 턱을 고정시켜 기브스를 하여 움직이지 못하는 경우라도 주위 사람들은 얼굴을 보면 교만하다는 인상을 받게 된다. 이 감정은 이치를 따지기 전에 어쩔 수 없다. 참 으로 손해 볼 표정이다.

실력은 있으나 왜 그런지 묻혀 있는 사람 중에는 턱을 내미는 버릇을 가진 사람이 의외로 많다. 본인의 의사와는 관계없이 적을 만들어 버리는 탓에 실력이 충분히 발휘되지 못한다.

만일 당신의 지인이 그런 처지라면 턱을 끌어당기는 것이 품위가 높아진다든가 하면서 턱을 당기는 횟수를 늘려 손해보는 표정을 고치도록 훈련해 주어야 할 것이다. 운세가 열릴지도 모른다. 별일 없어도 남자는 밖에 나가면 7명의 적이 생긴다 하였다. 턱의 각도가 나쁜 것만으로 적의 수가 늘어난다면 견디기 어려울 것이다.

■ 새우등의 남성은 기가 약하지만 마음은 넉넉하다

최근 남성들의 자세가 매우 나빠졌다. 자세가 좋은 남성은 10명중 3명 정도일까? 키가 커진 반면 주거지가 작다. 현관을 들어갈 때도 고개를 굽히지 않고는 들어가지 못하는 사람이 있다. TV를 볼 때나 공부할 때도 등을 굽혀 앞으로 숙이게 된다. 이런 생활이 자세가 나쁜, 앞으로 구부러진 사람이 많아진 원인이라 하겠다. 그 중에서도 심한 새우등의 사람은 기가 약하고 닿으면 무너질 듯한 느낌을 주는 사람이 적지 않다.

옛날 같으면 그런 남성은 짓밟혀서 햇빛도 보지 못하고 마쳤을 것이지만 지금은 그런 남성들이 왜 그런지 부상(浮上)하고 있다.

컴퓨터라든가 보도·선전·디자인 등 소위 정보산업이 눈부신 세력으로 팽창해져서 감성이나 기자로 승부할 수 있는 분야가 늘어났다. 머리가 좋고, 섬세하고 연약한 남성들이 환영을 받는 시대가 온 탓이다.

이 섬약한 무리가 한번 직장을 얻으면 열심히 노력하고 끈기가 대단히 있어 씩씩하고 건전한 무리들도 따라가지 못하고 있다. 살금살금 마치 아메바처럼 세력 범위를 확장해 가고 있다.

그러나 세상의 어버이들은 이런 사정을 잘 모르고 있다. 나의 질녀가 결혼 상대를 데리고 왔을 때, 양친이나 주위 사람들 의 의견은 *"그런 약골을 어디다 쓰려고. 걱정거리가 된다."*

만일 당신이 이런 처지에 있을 때는 정보산업의 배경에서 그의 장점까지 충분히 설명해야 할 것이다. 그러면 이해하게 될 것이다.

나에게 의견을 말하라면 이런 연약족이 매우 좋다. 멀지않아 연약족 동호회라도 결성해 보고 싶다.

내가 좋아하는 연약족의 장점을 두 가지만 들어보면, 우선 다른 사람의 상처의 고통을 알고 있다. 본디 곯어 본 체험 같은 것은 없을 것이다. 그러나 강건한 축에서는 밀려나서 살아온 탓에 좌절감은 싫도록 체험했을 것이다. 그런 탓에 당신이 쏠쏠한 생각을 할 때나 또는 괴로워 견디기 어려울 때나 견디기 어렵다고 생각할 때도 그 고통을 아마 다른 사람보다 더 잘 이해해 줄 것이다. 병의 고통을 당해 본 사람이 아니면 알지 못하는 것이다.

두 번째는 같이 일하는 동반자로서는 최고다.

별나게 잘난 체하지 않는다. 협력하면서 살아 갈 수 있다. 아이가 생기더라도 부인을 돌볼 것이다.

요컨대 연약족은 현 시대에 권할 만한 남성이라 하겠다.

■ 소리가 작은 남성은 지적인 인상을 주지만 남성사회에서는 경시(輕視)받기 쉽다 — 장악력 부족

회사 사원들이 회식할 때였다. 남자 사원들은 점차 흥이나서 유행가를 합창하며 즐거워하고 있었다. 그럴 때 뚝 떨어진 곳에서 혼자 술을 마시고 있는 같은 회사 사원이 있었다. 왜 그런 지 쓸쓸해 보였다. 걱정이 된 나는 그의 곁으로 가서 말을 걸어 보았다.

작은 소리로 조심스레 말을 하는 그는 떠들고 법석을 떠는 다른 사원들보다 훨씬 지적인 분위기를 자아내고 있었다. 다음 날 회의석상에서 어제 저녁 사원들은 각각 영업상의 비책을 발표하였다. 그 지적인 사원도 역시 의견을 발표하였다. 말소리가 작아서 박력은 부족했으나 내용은 매우 뛰어났었다. 그러나 최종적으로 채택된 의견은 소리가 큰 박력 있는 다른 사원의 의견이었다. 내용은 별로 좋은 의견 같지 않았다. 박력이 중역들을 안개로 감싸주었는지 모른다. 이해가 가지 않아 중역의 한 사람에게 물어 보기로 하였다.

"A사원의 의견이 훨씬 우수했다고 여겼는데 어째서……."

"오늘 회의의 요점은 어떤 내용의 안을 채택하는 가에 있지않고 누구의 안을 채택하는 가이다." 의욕이 넘치고 박력있는 사원의 안에는 사원들이 따라오지만 아무리 우수한 안이라도 박력이 없고 자신이 없는 사원의 안에는 아무도 따르지 않는다는 것이었다.

"남자는 자신이 없으면 큰 소리가 안 나오는 법이거든." 이 말이 나로하여금 긍정하게 하였다. 바로 나를 두고 하는 말 같아서였다.

몇 년 전인가? 내가 아직 아나운서에 뽑히기 전이었다. 동료에 비해 소리가 매우 작았다. 외톨이로 자라온 탓에, 형제끼리 싸움도 해본일도 없고, 가만히 있어도 먹을 것, 원하는 것이 모 두 이루어졌다. 부모님께서는 원하는 것은 무엇이나 갖게 해주셨다. 그렇게 자라온 탓에 큰 소리를 할 기회가 없었다.

공기가 목구멍에 있는 성대를 통과할 때에 소리가 난다. 그것이 코·목젖·머리에 울려 큰 소리가 된다. 크게 부르짖을 필요가 없이 귀여움을 받으며 자란 나는 소리가 작을 수 밖에 없었다.

영업의 경우는 의지가 약하고 부끄러움을 잘 타는 것이 가장 나쁜 결점이다. 그 사원의 의견을 묵살한 중역의 태도도 이해 가가기는 한다. 주위 사람들에게 미치는 영향을 고려한 탓이리라.

야구 감독에게 장래성이 있는 선수는 어떤 선수냐고 물으면 박력이 있고 소리가 큰 선수라고 대답하였다.

사람과 사람 사아에서 서로 경쟁할 필요가 없는 직업이라면 소리가 작든 부끄러움을 타든 상관이 없다. 그러나 그렇지 않은 경우는 소리가 작고, 적극성이 부족한 사람은 뒤로 밀리게 되는 것은 어쩔 수 없는 판세일 것이다.

그럼, 소리를 크게 하려면 어떤 방법이 있을까? 훈련법이 있다.

한 가지는 소리가 작은 그의 곁에서 큰 소리로 이야기한다. 울지 않는 꾀꼬리는 잘 우는 꾀꼬리 곁에 두어 흉내내게 하는 것이다. 그냥 내버려 두면 끝내 울지 못한다.

또 한 가지는 좀 무리를 해서라도 큰 소리를 내게 한다. 시끄러운 지하철을 타고 달리고 있을 때, 잇따라 질문을 퍼부으면 할 수 없이 큰 소리로 대답한다. 지하철이 서도 그는 아마 큰 소리로 이야기하고 있을 것이다.

"어머, 당신도 큰 소리를 잘 내는군요."라고 말하면 그 자신도 "아! 그렇군."하며 큰소리를 내는 자심감을 느끼게 될 것이다.

■ 체취(體臭)에 민감한 남성은 신경질적인 완벽주의자, 여성에 대한 요구도 강하다.

30세를 넘기면서 몇 번이나 맞선을 보아도 결혼 상대자를 찾지 못하고 초조하게 지내는 남성이 잇다. 대개는 소위 지적인 편이며, 거의가 좋은 직장을 가지고 있다. 이런 남성들의 공통된 특징은 냄새에 너무 민감하고 그것을 중요 화제(話題)로 다룬다. 보통은 냄새에 민감하여도 상대에게 벼롤 화제를 떠올리지 않는다. 그러나 이런 그룹의 사람들은 냄새를 유난스레 화제로 삼는다.

"내 몸에서 혹 땀냄새가 나지 않는지요? 아침에 샤워를 하긴 했지만.", "요즘 사람들은 지나치게 독한 향수를 즐기는 것 같아요.", "이 음식점은 무언가 이상한 냄새가 나지 않나요?"라는 식의로 냄새로 화제의 중심을 삼는다.

이상하게도 그들의 50%는 알레르기성 비염의 경향이 있다. 냄새에 민감한 탓에 신경질적이라서 스트레스를 받기 쉽다.

무언가 긴장하면 인간의 체액(體液)은 갑자기 산성(酸性)으로 변한다. 그리고 안정을 회복하면 정상의 약알칼리성으로 되돌아간다. 그들은 이런 반복이 잦아서 밸런스가 무너지기 쉽다. 그래서 비염 등 알레르기성 병에 걸리기 쉽다. 또 정신적인 스트레스가 바로 몸에 나타나는 타입. 위(胃)가 쑤시거나 복통이 느껴지거나 출사거부증(出社担否症)등에 걸리는 것도 이런 성격의 남성에게 많은 것이다.

유명한 작곡가 멘델스존도 알레르기성 비염 환자였다는 것이다. 음악가 중에는 알레르기성 질환으로 고민한 사람이 많았다고 한다. 신경질적이며 섬세한 사람은 음악적 재능 등 예술방면에 능력은 뛰어나지만, 너무 민감하여 알레르기성 질환에 걸리기 쉽다는 것이다.

두 번째 특징은, 심미안(審美眼)의 혜택을 얻고 있는 점이다. 음·형태의 아름다움에 만감하고 지식도 풍부하다. 어느 미술관에서 누구의 작품전이 있으며, 그 중에서도 어느 작품이 가장 우수한가 등을 잘 알고 있다. 또 샴푸는 어느 나라 어떤 물건이 좋다든가, 의상에 관해서도 유행을 알고 있는 등 많이 알고 있다. 너무 풍부한 지식에 듣는 사람아 당황할 정도지만 유명 제품의 이름을 많이 알고 있는 것은 나쁠 것이 없다.

세 번째 특징은 여성이 즐기는 것도 일류다. 일류 상사의 여직원, 스튜어디스, 일류 학교의 학생을 겨냥하고 있다. 이런 여성들은 사치스럽고 호화족속들에게 쉽게 함락되지도 않는다.

네 번째 특징은 우선 보기에는 침착해 보인다. 그러나 위험이 닥치면 당황한다.

예를 들면 자동차 접촉사고라도 나면 금방이라도 울 듯 손이 떨려 사인도 제대로 못하는 형편이고 지진이 나더라도 손윗 여성을 인도하고 있는 처지인데 혼자 허둥지둥 도망할 것이다. 침착성이 없는 탓이다.

요컨대 현대인들이 빠지기 쉬운 이기주의가 강하게 나타나는 형이라 할 수 있겠다. 그런데 최근에 이런 종류의 젊은이들이 부쩍 늘어나고 있다. 한심스러운 경향이 아닐 수 없다.

무슨 인연으로 이런 부류의 혼인 중매라도 하게 되면 여간 어려운 것이 아니다. 합의가 이루어지기가 쉽지 않다.

■ 타인이 결정한 메뉴에 늘 따르는 남자는 협동심은 많지만 독착성은 부족하다

핵가족 주인으로서 내 주장을 하고 싶으면 음식 맛에 까다로운 남성은 피하는 것이 상책이다. 맛은 일종의 자기주장이다. 어머니가 어릴 때부터 맛있는 것을 잘 알도록 정성들여 요리를 하는 것이 여성의 애정이다. 마침 내가 함께 했던 요리의 전문가 두 사람의 에피소드를 소개하겠다.

먼저 중견 언론인 A씨의 경우, 그의 생가(生家)는 유명한 요리 전문가로 귀엽게 자란 사람이다. 아내를 얻어 신혼여행에서 돌아온 이튿날 아침이었다. 아내가 장만한 국을 맛보자 마자 A씨는 얼굴이 찡그리고 먹지 못했다. 반 년간 별거하면서 아내는 A씨의 어머니에게 요리를 배우게 되었다. 그의 어머니는 매우 엄격하게 가르쳤으나 그의 부인은 잘 참고 견디어 요리전문가인 시어머니 요리솜씨를 익힐 수 있었다. 다른 사람 같으면 이혼 했을 지도 모른다.

그 A씨와 한 번은 지방으로 강연여행을 동행한 일이 있었다. 예정한 음식점이 수리 공사중이었다. 하는 수 없이 잘 모르는 식당으로 들어가기로 했다. 돈까스 등을 주문하였으나 A씨는 물끄러미 바라보기만 하고 손을 대지 않았다. 하는 수 없이 약간의 맥주와 안주로 식사를 대신하고 말았다. 개성이 강한 탓에 음식 맛에도 엄격하여 아무 음식이라도 서슴없이 먹지 못하는 모양이다. 다른 한편 요리 연구가인 B씨의 경우 자기 자신이 만든 요리는 맛이라든가 품위라든가 모든 것이 참으로 훌륭하였다. 그러나 자기가 먹는 음식에는 별로 까다롭지 않았다. 함께 여행을 할 기회가 있었는데, 식당에서 식사할 때에 다른 일행이 주문한 것을 *"나도 같은 것"*하며 생각보다 음식에 까다롭지 않았다. 이런 두 사람의 경우를 비교하여 만일 나의 남편의 경우라면 어느 쪽이 좋을까를 생각해 보았다. 요리는 맛있구나 하면서 좋아하고, 그러면서도 입에 맞지 않는다고 찡그리고 손을 대지 않는다면 숨이 막힐지도 모른다.

남성을 차에 태워보기만 하면
알게 되는 것

■ 톨게이트에서 얽히는 남성은 실수가 많다

나는 조수석에 앉아 있었다. 자동차가 스르르 고속도로의 톨게이트에 진입하였다. 운전석의 남성은 여기저기 포켓을 더듬기 시작하였다. 다음은 지갑 속을 뒤졌다. 결국 잔돈이 없어 만 원권을 내밀었다. *"미안합니다. 잔돈이 없어서……."*

톨게이트 직원이 찰랑찰랑하는 동전을 거스름으로 건네었고 그 순간 동전은 주르르 도로 위에 떨어졌다.

그 사이 뒤에는 잇따라 차가 밀려와서 차의 열이 길게 늘어서게 되었다. 이런 때 정말로 손에 땀이 흐르게 된다. 나에게도 마침 잔돈이 없었던 것이다. 손놀림이 서툰 사람은 한 가지의 실수로 반드시 연쇄반응을 일으켜 실수를 거듭하는 것이다. 머리의 회전이 늦어서 들뜨게 되어 생각지도 못한 실수를 저지르게 된다. 이런 실수를 자주하는 사람이 결혼식의 피로연에서 사회를 보았을 때, *"오늘은 김씨와 이씨 양가의 영광스런……."*이라고 시작하였는데 양쪽 가족의 소개를 잘못 발음하고 만다. 참석잖들을 불안하게 한다. 이런 실수를 잘하는 사람은 남편으로 맞이해서는 평생 불안 속에서 지낼 수 밖에 없을 것이다.

■ 뒷줄에서 아무 말 없이 따르는 남성은 자기 주장이 없다. — 유순한 형의 남성을 바란다면

순환도로를 남쪽으로 달리고 있었다. 도로가 상당히 혼잡하여 정방에도 자동차가 쭉 연이어 있었다. 우리도 앞차의 뒤에 붙어서 기다리고 있었다. 신호가 몇 차례나 바뀌었지만 앞차는 4~5m단위로 전진할 뿐, 무슨 이유인지 옆차선의 차는 신호가 바뀌면 싱싱 신나게 달려갔다. 이상하게 여기며 차선을 바꿔보는 것이 어떨까하고 거북하여 기다리고 있는 동안 이유를 알게 되었다. 쭉 줄지어 서 있는 자동차는 모두 영업용 차였다. 그리고 앞쪽에는 LP가스의 충전소가 있었다. 우리는 영업용차의 충전소인줄도 모르고 급유의 순번을 기다리는 꼴이었다. *"아니, 이 차선은 어쩐지 영업용으로 급유 차선 같군요." "아! 그렇군요. 그런가 봅니다."* 느릿하게 대답한 우리 차의 운전기사는 천천히 핸들을 돌려 차선을 변경했다.

양전하고 매우 잘난 용모의 그는 최근 부잣집의 사위로 결정된 청년. 세 사람의 아주머니가 달라붙어도 꼼짝 안하는 청년이다. 자기를 주장하는 일이 적은 그다. 아마, 남의 집 사위로 들어가도 문제는 일으키지 않을 것이다. 왈가닥인 부인이 잘 견디어 낼지 염려가 된다.

■ 자주 차선을 변경하는 남성은 변덕쟁이 — 공동으로 일을 진행하는 데는 어울리지 않는다

우로 혹은 좌로 차선을 자주 변경하는 사람이 있다. 다른 사람을 태우면 더욱 심해지는 사람이 있다. 자기 현시욕(顯示慾)이 강한 사람이다.

우리들이 무엇을 느끼고 동작할 때, 뇌에 전달하거나 뇌에 지령을 내리거나 하는 것은 신경세를 흐르는 전류 맥박의 역할이다. 이 맥박의 흐름이 빠른 사람이 있다. 예를 들어 보통이면 1초가 걸려 도달하는 것을 그 절반으로 재빠르게 흐른다. 좌로 우로 재빨리 차선변형이 되는 것은 이 맥박의 흐름이 빠른 까닭이다. 소위 두뇌 회전이 빠른 사람이 많다. 머리의 회전이나 발상의 전환이 빠른 사람, 이것은 좋은 일이지만 여럿이 협력하여 일을 진행하는 경우는 좀 거북할 때가 있다.

어느 여성잡지의 편집장이 *"이 화보에는 귀여운 고양이를 등장시키자. 묘하게 생긴 새끼고양이를"* 계원(係員)이 재빨리 나가서 구해온다. *"편집장님, 자 보세요. 이 새끼고양이라면 바라고 계시는 바로 그것이죠?" "응, 고양이는 안 하기로 결정했네. 강아지가 아니면 여성의 마음을 잡지 못해. 삽살개라야 된다."* 조령 모개인 셈이다。

내 이웃의 남자 주인도 이와 비슷하다. 카레라이스가 먹고 싶다고 하여 부인이 준비를 시작하면 *"추워졌으니 김치찌개로 합시다."* 해놓고, 그러는 동안 TV의 상업광고에 전골이 나오면 *"저 전골요리 맛있겠군. 전골로 합시다."* 한다. 부인은 어쩔 줄 몰라 갈팡질

팡이다. 이런 부류의 사람은 증권을 사더라도 밤낮 으로 바꿔 산다. 법석대며 A사의 증권을 사는가 하면, 또 B사의 증권으로 바꾼다. 그러면서도 수지결산을 해보면 남는 것은 아무것도 없다.

자주 차선을 변경하는 남성은 변덕쟁이다.

■ 추월당하면 바로 추월하는 남성은 성내기 명수 — 직장·가정에서도 충돌의 상습범

황색 자동차가 달리고 있는 데 뒤에서 흰색 자동차가 보기좋게 추월했다. 그러자 황색 자동차는 속력을 내었다. 흰색 자동차도 *"오냐, 누가 뒤지나 보자!"* 쫓고 쫓기기를 계속하였다. 순식간에 나의 시야에서 사라졌다. 한참 달리다 인터체인지에 도착해 보니 정차해 있는 경찰차가 있었다. 무심히 얼굴을 돌리니 눈에 익은 황색 자동차가 보였다. 흰색 자동차는 보이지 않 았다.

추월쟁이는 사회생활에서도 충돌 뿐이다

"가엽게도 황색차만 걸렸구나." 생각하며 어떤 사람인지 약간의 호기심이 생겨 쳐다보니, "어머!" 광고 대리점을 하는 A군이었다. 함께 일을 했었던 것은 7~8년 전이다. "응, 그였구나." 짐작이 가는 것이 있었다. 그는 혈기가 왕성하여 상사는 물론 동료들과도 자주 충돌하였다. 다투는 버릇은 지금도 고치지 못한 모양이다. 불뚝 성미에 남한테 지기 싫어하는 성미는 자동차 운전에서도, 직장에서도, 가정에서도 발산하였다. 이런 성깔은 여간해서 고쳐지지 않는다.

■ 정체로 바로 한숨을 토하는 남성은 스테미너가 부족 — 스트레스에 약하다

정체는 누구나가 싫은 것이다. 정말로 한숨이 한 두 번 나오지 않을 수 없다. 그러나 잠깐 동안의 정체에도 한숨을 내쉬는 사람이 있다. 차에 함께 타고 있으면 이쪽도 피곤해진다. 이런 사람은 몸 안에 노폐물이 다른 사람보다 빨리 모이든가, 그것을 탄산가스이거나 무엇인가로 빨리 몸 밖으로 품어내지 않으면 안 되는 탓에 호흡이나 맥박에 영향을 가져온다.

그래서 그것이 '후—'하는 한숨이 된다. 한숨이란 것은 일종의 심호흡이다. 결코 일부러 토하고 있는 것은 아니다. 또 버릇도 아니다. 몸이 산소를 요구하고 있다는 것이다. 노폐물이 다른 사람들보다 모이기 쉽고, 요컨데 육체적으로 약한 부분이 있으면 작은 스트레스에도 견디기 어렵고 화를 내기쉽다. 불평·불만이 나오기 쉽고, 무뚝뚝해지기 쉽다.

결국 정신면으로도 약해진다. 이런 연약한 남성은 감싸주지 않으면 안 될 것이다. 이런 사람은 쾌락에도 약한 사람이 많다는 설도 있다. 150km로 주행할 수 있는 동력이 있는 차가 90km로 달리는 것과 100km 밖에 낼 수 없는 차가 90km로 달리는 것과는 매우 여유가 다르다. 인간의 육체도 같다. 별로 기력이 없는 남자에게 무리를 시키면 과잉활동으로 무너질지도 모른다.

■ 기아를 바꿀 대 한계점까지 기어를 바꾸지 않는 남성은 인색한 사람 — 기회를 잡는 능력이 부족하다

눈 앞 신호기에 빨간 불로 바뀌었는데도 악셀을 밟아서 한계선에 이르러 급브레이크를 걸어 *끼익*—정차한다. 젊은 남자에게서 많이 볼 수 있으나, 이것은 남의 눈을 끌려는 성질이며 낭비벽이 있는 타입. 역으로 기어를 바꿀 때 최후 한계선까지 기어를 바꾸지 않는 것은 기계 조작에 강하기보다 인색한 타입.

정당한 곳에서 기어를 바꾸어야 하는데, 도량이 좁아서 연료를 아끼려는 인색한 생각으로 자동차에 이상한 버릇을 만들어버린다. 이런 자동차는 다른 사람이 운전하기 어렵다. 같이 타고 있으면 이 인색한 태도가 다른 데도 나타나서 이상하게 느껴질 정도이다. 전일 골프를 하는 친구의 한 사람이 이런 타입의 남성이었다. 그와 시합을 하고 있으면 기분이 상한다. 골프 셔츠는 낡아빠져서 쥐색으로 변한 흐리멍텅한 것을 입고 있고, 케디의 팁도 깎는다. 친구의 한 사람이 이런 말을 하였다.

"저 사람은 변비증 환자야." "응, 그럴 거야. 변비에 걸릴만하지. 내야 할 것도 안내니 말야."

친구들의 험담은 사실은 날카로운 것이다.

■ 차간 거리를 좁히고 간격을 좁히는 버릇의 남성은, 인간스케일이 작다─평소의 거주 공간 감작이 문제다

언제나 자기가 쓰고 있는 공간, 스페이스 감각이라는 것은 어디를 가거나 따라다닌다. 좁은 방에서 살던 사람이 가령 외국에 여행하여 아주 넓은 호텔에 투숙 하였다고 하면 그 넓은 방의 한쪽 구석의 좁은 장소에 소지품을 챙겨둔다. 그리고 그 범위 안에서만 행동하게 된다.

차를 운전할 경우에도 늘 좁은 공간에만 익숙한 탓에 차간거리를 좁히지 않으면 불안하거나 무의식적으로 차간 거리를 좁힌다.

상대가 피해서 도망가거나, 놀라거나 하여도 상관하지 않고 다가간다. 불필요하게 폭을 좁히거나, 차간거리를 좁히는 드라이버가 비교적 많은 것은 도로사정에만 그 원인이 있는 것이 아니다.

그 증거로 이제까지 시내의 매우 좁은 집에 살던 사람이 야외의 좀 넓은 곳에 집을 지어 이사를 하여 지내다보면 차의 운전도 바뀌어진다. 이번에는 차간 거리를 여유있게 잡고 천천히 운전하게 된다.

내가 알고 지내는 사람도 이제까지 아주 사소한 것에 신경을 쓰는 버릇이 있어서 *"저 사람은 운전하는 것도 갑갑할 정도야."*라는 험담을 듣고 있었다. 그러나 결혼하여 환경이 바뀌니 운전 뿐 아니라 태도까지도 아주 여유있어졌다.

일상생활 환경이 바뀌면 자잘하던 버릇과 차의 운전 태도에도 나타나게 된다. 그러나 성격의 경우는 그렇게 단순하게만 되지 않는다.

만일 당신의 남편이 차간거리를 좁히는 버릇이 있다면 환경의 탓인지, 성격 탓인지를 밝혀보아야 할 것이다.

그것이 본디 성격에서 연유했다면 마음도 협량이고 인간적인 스케일도 작을 것이다. 결혼하고도 항상 금전적으로 신경을 쓰고 답답한 느낌을 주게 될 것이다.

4

남성을 뇌살(腦殺)하는 법

에로스라는 여자의 무기를 숙지(熟知)하는 것이 중요

사랑의 신 에로스의 말에는 육욕(肉慾)이라든가 관능(官能)이라는 뜻도 포함되어 있다. 남과 여, 수컷과 암컷은 서로 강하게 끌어당기는 것이 에로스이다.

요리로 예를 들면 에로스는 소재, 손을 가하는 것에 의해 생고기가 스테이크로도 불고기도 되는 것처럼 에로스는 문화적인 배경이나 개인의 미의식으로 연마되어 매력이라는 훌륭한 요리로 변모한다. 예를 들면 성적매력이나 야성의 매력은 스테이크의 굽는 정도로 말하면 레아(-고기를 굽히는 정도의 한 가지-)이다.

당신이 훌륭한 사랑을 원한다면 에로스라는 재료를 잘 알아서 때와 장소에 맞추어 맛있는 요리를 하지 않으면 안 된다. 또 사랑을 평생의 반려로 삼으려거든 요리 솜씨와 타이밍을 충분히 계산하여 적절하게 구사해야 할 것이다.

에로스는 여성이 그 능력의 모든 것을 섞어서 요리하는데 적당한 소재이다.

우선 소재(재료)가 가지고 있는 맛을 잘 살리는 능력부터 갖추어야 할 것이다.

그의 오감(五感)에 파고 든다

■ 남심(南心)을 묶는 섹시한 눈매의 사태(四態)

응시(凝視)

재계인들의 큰 파티에서 나는 아주 벅찬 "*눈만으로 하는 바람둥이*" 가 된 일이 있었다. 서로 둘러선 상태로 그 사람과는 직접 말을 걸어볼 분위기는 아니었으나 "*멋있는 신사구나*"하고 느낀 나는 무의식적으로 그 분의 눈을 물끄러미 한동안 보게 되었다. 그 분도 좀 떨어진 장소였으나 나와 눈이 마주친 채 내 편을 물끄러미 쳐다보았다. 서로 눈매가 엇갈리었다. 드디어 파티가 끝나고 해산할 때가 되었다. 그 분은 파티 주최자로서 출구에서 손님들을 전송하는 구실을 하였다. 마침내 나와 인사를 나눌 순번이 찾아왔다. 그는 나지막한 소리로 나에게만 들리도록 "*다시 만나게 될 기회를 얻고 싶습니다.*" "*언젠가 다시 뵈올 수가 있겠지요.*"하며 은근한 기대를 남기었다. 그후 그분과는 전연 뵈올 수가 없었다. 그러나 내 마음 속에는 그분의 눈매가 분명히 남아 있었다. "*한 때의 바람둥이가 되었구나.*"라는 느낌을 지울 수 없었다.

좀 떨어진 곳에 있는 이성과 서로 눈길이 마주쳤을 때, 눈을 깜빡거리지 말고 뻔히 3초이상 바라보는 것을 응시라 한다. 별로 친하지도 않는 이성의 마음을 끌어당기기에는 가장 좋은 방법이다. 술잔을 입에 댄 채, 물끄러미 쳐다본다. 누군가가 말을 걸어오면 잠깐 그의 응대를 마치고도 다시 그 이성의 시선을 찾아서 서러 눈길을 교환한다. 매우 매력적인 힘이 있는 것은 분명하다. 별로 효과 없는 대화보다도 훨씬 매력을 끌어당기는 일이다.

곁눈질

이성이 이성을 사로잡는 일반적인 교태를 관찰해보면 시선을 천천히 옆으로 움직이기 시작한다. 3초까지 걸리는 시간이다. 그리고 상대를 바라본다. 그리고는 어깨를 아래로 처지게 하며 몸을 8자형으로 비튼다. 이런 태도로 성적매력을 느끼게 한다. 이런 태도로 남성의 눈을 끌어당기는 것이다. 다른 곳에서 천천히 시선을 옮겨서 목표로 하는 이성의 시선을 잡아 멈추는 눈길, 이것이 곁눈질이다. 눈길을 멈추는 순간에 몸을 약간 비틀며 엉덩이 부근을 뭉그대고 있다면 결정적이다. 이성을 유혹하는 확실한 신호이다.

우리가 항상 책을 읽을 때, 아주 속독할 때는 눈을 움직인다. 곁눈질의 훈련도 이런 때 훈련이 되는 셈이다.

경애시(敬愛視)

보통 가수들이 하고 있는 눈이다. 아래로 향했던 시선을 바로 위를 향하며 청중을 바라보고 가볍게 미소를 짓는다.

경애시는 유혹성이라기보다 건강한 명랑성이 중요점이다. "며느리감으로 좋군."이라는 인상을 갖게 한다. 위험성이 없는 눈길이라서 연인 이외의 이성에게 이런 눈길을 보내도 좋을 것이며, 상대의 오해를 받는 일도 없을 것이다.

애시(哀詩)

배우나 탤런트에게 잘 어울리는 애시다. 목이 길고 눈썹이 긴 여성, 비스듬히 아래쪽을 보며 약간 슬픈 표정을 짓는 것이다. 이성이나 관중들의 동정을 얻게 된다. 그러나 슬픈 눈길 — 애시를 늘 하고 있으면 슬픈 운명으로 바뀌게 된다. 모처럼 이성의 마음을 사로잡아도 슬픈 운명으로 끝난다면 안될 것이다.

지나치게 난발해서도 안 되며 어떻게든 동정심을 사려는 경우에만 써야 할 것이다.

남심(南心)을 황홀하게 하는 마찰음

존 F. 케네디 대통령과 마릴린 먼로의 사랑(사랑이 있었는지 아닌지는 지금도 밝혀지지 않았지만), 그것은 생일 축하 노래에서 시작하였다고 한다. 케네디의 생일에 먼로가 노래한 "해피 벌스데이 투유—." 그녀는 저음으로 마찰음을 충분히 올리면서 대통령을 응시하며 불렀다. 그 테이프를 들은 일이 있었지만 처음 해피라는 구절부터 벌써 마찰음으로 들렸다. 마찰음이 아닌 음 모두를 마찰음에 가까운 소리로 발성하고 있었다. 그리고 "프레지던트"라는 대목에선 심하게 차지고 달라 붙는다.

과연 미국을 대표하는 섹스심벌이라 불리는 먼로가 이런 노래를 부르면 어떤 남성이든……. 하는 느낌이 들었다.

섹시한 소리라든가, 섹시한 말이라든가 하는 것은 우선 큰 소리가 아니어야 한다. 제2는 마찰음을 울리게 해야 한다. 제3은 긴음을 쓸 것 예로 "싫어요"도 "싫어—요—"와 같이 모음을 길게 늘이는 것이 긴음이다.

그럼 작은 소리라면 왜 섹시가 되는가? 섹스는 두 사람만의 비밀스러운 일. 그것을 작은 소리를 암시한다. 또 작은 소리라야 상대와의 사이(거리)가 가까워진다. 45㎝이내, 요컨대 연인사이에 거리안에 든다. 당연히 체취도 느낄 수 있다. 그것이 자극이 되어 마음도 몸도 흥분하게 되는 것이다.

마찰음은? 섹스 자체가 마찰이다. 점막(粘膜)의 마찰이며, 피부의 마찰, 게다가 언의 마찰이 연상게임처럼 결부되는 것이다. "곁에 앉아도 괜찮겠습니까?"이 말은 작은 말로 마찰음으로 말하면 남성은 그것만으로 관능을 추스르게 된다.

장음과 섹스와의 관계

"싫어—요—. 그만."이란 말처럼 길게 빼는 소리는 여성이 황홀경에 최고에 다달았을 때 발성하는 소리와 비슷한 탓에 남성의 성충동을 자극하게 된다. 이와 같은 섹시한 소리외에 남심을 유혹하는 요점이 있다. 요컨대 말 자체보다도 간접적으로 섹스를 연상시키는 것이다. 예를 들면 *"내 발은 작은 편이예요."*이것만으로 남성은 여자 성기가 좁아서 *"아마, 기분이 좋겠군."*라고 말하면 남성은 자신을 미덥게 여기고 있다고 생각하며 내심 들먹거리게 된다. 무언가 단순하게 느껴지지만, 남성은 섹스와는 전연 관계가 없는 것 같은 회화에서도 섹스와 관련시켜 생각해버리는 경향이 있는 것이다.

그것을 계산해서 품위있게 그의 마음을 사로잡아 보는 것도 재미있는 일이 될 것이다.

남심을 끌어당기는 접촉 작전

엘리베이타나 통근 버스 안에서 잠깐 장난을 쳐보면 재미있을 것이다. 남성의 목 뒷부분에 모른 체하고 숨을 품어본다. 우연인 것처럼 시치미를 떼고 그 남성은 근지러운 듯 고개를 움추리거나 할 것이다. 목은 감미로운 요점, 성적인 자극을 느끼는 부분이다. 감미로운 요점은 남녀 각각의 성기는 물론 털이 나는 곳, 수족에서는 안쪽의 햇빛을 안 받는 부분, 겨드랑이, 무릎이나 어깨 등의 관절부분에 많이 점재해 있다. 오른손으로 왼손의 손바닥을 외측(外側)에서 쓱 손톱으로 가볍게 긁는 듯이 이행해 보면 자릿자릿하게 느껴지는 부분이 여러 군데 있다. 거기가 감미로운 요점이다. 가볍게 천천히 —. 이것이 섹시한 접촉법의 원칙이다. 강하게 접촉하면 피부가 자라고 있는 털의 뿌리가 눌려서 미묘한 간지러움을 느껴지지 못한다. 간지럽다 는 것도 일종의 성적감각이라서 붓이나 부드러운 브러쉬로 간지럽히면 성적감각이 높아진다. 손목의 안쪽 맥을 짚는 부근, 혹은 정맥 주사를 놓는 곳도 바로 감미로운 부분이다.

진찰 중에는 하는 수 없이 몇 번이나 이곳에 손을 대는데 여성 환자가 의사에게 연심을 품게 되는 것도 당연한지도 모른 다. 많은 미인·여배

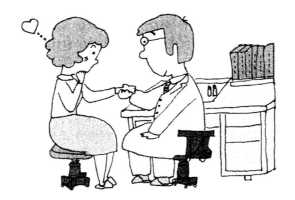

우가 매력적인 남자배우를 물리치고 의사와 결혼하는 비밀은 혹 이런 곳에 있는지도 모른다.

옷에 가려져 있는 부분 이외에도 이와 같이 많이 있다. 침대를 함께 사용하지 않더라도 촉각을 통해 남심을 끌어들이는 것은 누워서 떡 먹기이다.

■ 남성의 성 충동을 자극한다

여성은 대개 여성은 대개 강렬한 냄새로 남성을 뇌살시키는 것이다. 프랑스의 나폴레옹을 매혹시킨 조세핀도 치즈와 같은 냄새로 나폴 레옹을 사로잡았다고 한다.

옛날의 남자는 짐승들의 냄새나 발자국을 따라서 수렵을 하였다. 여성의 성기나 땀냄새는 남성들의 수렵 본능을 부추겨 강렬한 성적 충동을 느껴지게 한다는 것이다. 겨드랑이에서 냄새나는 여성은 다른 여성은 싫어하지만 남성에게는 환영받는다. 이것도 사냥의 냄새 탓이다.

만일 당신이 한걸음 그에게 접근해 보려는 의도가 있다면 가령 정구한 뒤에 땀냄새를 풍기며 그이의 곁에 바싹 다가가 볼 것이다. 이것도 한 가지 방법이다. 치즈나 김치, 포도주의 발효 냄새도 남성에게는 동물냄새, 여성의 냄새를 연상시킨다. 그런 데 강렬한 체취를 완화시키기 위해 사용하는 향수의 좋은 사용법은 즐기는 향수를 직접 피부에 바르고 그것이 체취와 미묘하게 섞였을 때 한 사람, 한 사람에게 독특한 향기가 난다.

이것이야말로 남심을 부추기는 가장 매력적인 "냄새"이다. 더구나 강한 냄새의 한 군데에 바르는 것이 아니라 넓은 면적에 보통 향수를 바르는 것이 더 좋다.

가장 요긴할 때는 비누나 파우더 등 한 가지 냄새로 당신 몸 전체에서 섹시한 냄새를 풍기게 하여 그를 뇌살시켜 보아도 좋을 것이다.

■ 남심을 유혹하는 성적감각의 요리

인류학자인 A씨의 연구발표에 의하면 남성은 10살까지 먹은 음식 맛에 한평생이 지배당한다고 하였다.

시골 출신의 남성이 도시에 나가면 고향의 맛을 매우 그리워한다. 가끔 그 맛을 만나게 되면 대단히 감격하여 마음은 완히 무방비상태에 빠져버려 그 맛을 만드는 여성에게 결혼을 신청하지 않을 수 없게 된다. 요리 솜씨가 뛰어난 연상(年上)의 여성에게 끌려드는 것은 시골 출신의 도시에서 사는 남성에게 많다.

이런 정신적인 향수(鄕愁) 이외에 음식의 형태나 질감, 그 자체가 성적자극으로 연결되어 남성의 마음을 사로잡는 일도 있다. 예를 들면 조개류는 여성 성기를 아스파라거스, 버섯, 죽순 등은 남성의 성기를 연상시켜 먹으면서 농담을 하는 동안, 남성은 흥분한다고 한다. 또 점막이나 점액(粘液)에 연결되는 음식물은 시각적으로 성적인 연상을 일으키게 된다.

재미있는 것은 찰기 있는 음식은 강장(强壯) 효과도 있다. 남성이 피곤해 있을 때 간장(肝藏)은 마늘을 넣어 구운 것보다 참마를 갈아서 멀건 장국 따위로 붉게 만든 요리가 소화도 잘 되고 기운도 난다. 메주콩도 정력에 아주 좋다고 한다.

그리고 남성에의 최후의 결정타는 알코올, 알코올은 조금 먹어도 혈행(血行)이 좋아지고 남성 자신이 발기한다. 두뇌는 이성(異性)이 마비되고 본능이 강하게 작용하여 성충동을 강하게 느끼게 되어 성행위를 하게 된다. 결국 당신이 음식물을 잘 조합(組合)하여 만드는 것으로 그의 마음을 끌어당기는 강렬한 비약(婢樂)이 된다는 것이다.

■ 남성을 콘트롤 하는 세 가지 표정

여성이 황홀경에 있을 때 여러 가지 얼굴이 있다.

남성의 팔에 안기면 여성은 자기 속에 갖추어 있는 세 가지 요소를 변화시키면서 나타낸다고 한다.

첫째는 숙녀성이다. 둘째는 유아성이다. 셋째는 수성이다. 결국 처음은 숙녀로서 조심과 우아성을 잃지않고 남자의 포옹을 받는다. 포옹이 쾌감으로 발전하여 온몸으로 확대하기 시작하면 숙녀성을 벗어버리고 어린아이처럼 자기에게 정직하게 되고 달라붙어 어리광을 부린다. 차츰 쾌감이 절정에 가까워질수록 암컷 그대로의 수성(獸性)을 발휘. 사랑에 집중되어 타오른다. 손의 동작으로만 좁혀서 생각해 보면 이 세 가지 변화는 잘 알 수 있다.

처음은 손가락 사이를 많이 벌리지 않고 간추린 모양이다. 새끼손가락을 약간 굽혀 차츰 인지를 뻗혀 그의 몸에 접촉한다. 그러는 동안 유아성에 다다르면 손가락 사이가 벌어지고 가볍게 안쪽으로 굽는다. 손가락을 핥는다. 손톱을 문다. 사랑에 집중하게 되면 손끝은 짐승처럼 모든 손가락은 힘을 들여 손톱은 안쪽으로 굽히고 마치 사자와 표범처럼 허공을 만지거나 남성의 등에 손톱자국을 내거나 셔츠를 찢거나……

그런데 숙녀성·유아성·수성의 어느 부분을 더 내어미는가는 상대의 호흡에 맞추어 조정한다. 여성은 무의식적으로 그것을 할 수 있다. 천성의 기교가라 하겠다. 당신의 그는 당신에게 어느 얼굴을 더 많이 요구하고 있을까?

혼인종(婚姻鐘)을 울리는 작전 10

■ 오감을 전부 활용하여 골인한다

두 사람이 서로 접근하려는 마음이 서로 에로스를 느끼고 있을지라도 그것을 결혼이라는 법률적인 것으로까지 진행해가자면 남녀 간의 문제 이외에 여러 가지 요소가 엉키어있다. 요리로 말하면 조리와 담는 법, 또 상차리기 등 요리의 재료 그 자체보다 주변의 연출이 매우 중요한 구실을 차지하고 있다.

■ 그이의 밸런스 감각에 맞춘다

유희상대라면 여자는 다소 기발하고 사람의 눈을 끄는 편이 좋다. 그러나 결혼상대가 되면 남성은 불쑥 손등을 돌리는 것처럼 세상의 이목에 신경을 쓴다. 만일, 그이가 당신의 복장에 관심을 가지고 있다면 결혼을 생각하고 있다고 생각해도 좋을 것이다. 근무하고 있는 회사가 크면 클수록 여성의 복장은 상식적인 것이 요구된다. 그이의 동료의 눈이 미치는 장소에서는 특히 유행을 앞서가는 스타일은 피하는 편이 좋다.

만일 그의 직업이 예술·광고·미용·패션 등에 관계한다면 그것은 반대이다. 시대에 뒤쳐지는 촌스러운 것은 센스가 없다고 웃음의 씨가 되기도 한다.

결국 당신의 취미만이 아니라 그이의 감각에 맞추는 것, 이것이 제1의 작전이다.

■ 금전감각으로 신용을 얻는다

부자의 방탕한 배우자라면 몰라도 보통은 결혼하면 검소하게 살지 않으면 안 된다. 그런 탓에 한 푼의 돈도 소홀함이 없다는 것을 그에게 보여줄 것. 이것이 신용을 얻는 귀중한 요점이다.

사치스러운 생활 탓에 월급에 쫓기다 파경에 이른 사건이 많아진 요즘이다. 배우자가 씀씀이가 거칠다면 신경질적으로 된다.

■ 과거·현재도 바람기가 없는 것을 강조해 둔다

다른 사람이 입었던 팬티는 입기싫다. 이런 표현이 통하고 있는 것은 사회다. 아무리 과거에는 구애받지 않는다고 하여도 다른 사람의 손때가 묻은 애인은 배척당한다. 설령, 과거에 애인이 있었다고 해도 "당신이 제 첫 애인이에요."하고 최후까지 버틸 것, 그런 편이 상대방을 위하는 경우가 된다.

어느 직장인이 스키장에서 알게 된 이성과 서로 사랑하는 사

이가 되어 주위에서도 어울리는 한쌍이라고 인정하고 차츰 결혼
담이 진행되었다. 그러나 몇 년 전 상사와의 사내연애가 폭로되
어 끝내 파탄으로 이어졌다.

학생시절의 동서(同棲)는 혹 젊은이의 철없는 장난정도로 용서
받을 수 있지만 사내연애는 성인이고 판단력이 요구되는 것이라
그 책임은 평생지지 않으면 안 된다.

■ 그의 부모를 만날 때는 덤비지 않도록 주의

*"거들어 드리는 것이 좋을 것이다."*하며 차를 준비한다. 그러나
"아직 며느리로 삼지도 않았는데 벌써 시집을 온 며느리 노릇을 하려
*는가."*등으로 비난을 받을지 정말로 어쩌지도 못할 지경이다.

적극적으로 점수를 따려고 하면 덤비는 발걸음이 되지 않을
수 없다. 그래서 처음은 생글생글, 얌전하게, 침착하고 차분하게
수줍은 것으로 충분하다. 그의 가정을 방문하기 2~3일 전부터
말조심 하고 차분하게 동작하는 연습을 해두는 것도 좋을 것이
다. 그쪽에서도 바람직한 규수라고는 금방 여기지는 않을 것이
다. 단지 조심하여 성심껏 말하고 행동하여 귀엽다는 느낌을 가
지게 된다면 좋을 것이다.

■ '좋은 내조자가 될 것 같군'이라는 인상을 준다

'그녀는 머리가 잘 돌아가는군.'이라는 느낌을 주도록 한다. 이것이 실업가의 아내가 될 수 있는 요령이다. 적극적으로 출세를 바라는 남성은 의외로 적지만 그렇다고 낙오자가 되고 싶지는 않을 것이다. 일은 빈틈없이 해나가고 싶다. 그래서 내조의 공이 바람직하다. 가령, 그가 공중전화로 대화를 하고 있을 때 길어질 것 같으면 동전을 준비해 둔다. 짐을 들어준다. 옷에 묻은 먼지를 털어준다. 등등 머리를 잘 써서 점수를 따게 한다. 아마 그도 빈틈없이 도와주는 당신을 아내로 맞으면서도 서로 협조하며 사업도 잘 되어지리라 기대하며 결혼을 기대할 것이다.

■ 혼자 살고있는 그이에게는 편지 공세

야간 잔업 등으로 지쳐 돌아온 집에 비어 있을 것이라고 생각했던 편지통에 만일 당신으로부터의 편지가 들어있다면 그는 자못 감동했을 것이다. 쓸쓸한 방에서 편지를 읽는 그이는 마음이 푸근해질 것이다. 청각을 근지럽게 하는 전화가 좋은가, 그렇지 않으면 시각을 중심으로 하는 정감을 느끼게 하는 편지가 좋은가를 어느 평론가가 대답했다.

"전화는 받는 편에서는 시간을 선택할 수 없다. 그러나 편지라면 형편이 좋을 때 읽을 수 있다. 게다가 좋은 편지라 느끼면 몇 번이나 읽을 수 있으나 전화로는 단 한번 뿐이다." 괴로울 때나 즐거울 때나 아마 그이는 당신의 편지를 다시 내어 읽을 것이다.

■ 지방출신의 그이라면 자택으로 초대하여 어머니의 음식솜씨를 알게 한다

어느 회사에 총각사원이 처음 입사하였다. 시골 출신이라서 하숙을 하며 통근을 한다. 처음 입사할 때는 얼굴색도 건강하고 모든 일에 활기가 있었다. 여자사원들에게 그런대로 인기도 있는 편이었다. 그러나 몇 달이 지나자 차츰 안색도 나빠지고 왜 그런지 기운도 없는 듯 느껴졌다. 가까이 있는 여사원이 무심코 *"A씨의 얼굴이 요즘 좀 나빠지는 것 같군요. 어디 편찮은 것은 아닌가요?"*

약간 걱정스러운 듯이 물었다.

"아닙니다. 좀 음식이 입에 맞지 않아 식사를 제대로 못한 것뿐입니다."

객지 생활이라서 짐작이 갔다. 여사원은 동정심이 생겨 집에서 마른반찬을 조금 만들어 먹어보라며 전달하였다.

2~3일이 지난 뒤 그릇을 돌려주며 *"정말로 오래간만에 입에 맞는 음식으로 맛있게 잘 먹었습니다. 어쩌면 시골에 계신 어머님 솜씨 같아 놀랐습니다."* 진정으로 고마워하는 눈치였다.

그 사원은 그 뒤에도 가끔 마른반찬을 만들어서 전달하였다. 식사를 제대로 한 탓인지 안색도 좋아지고 활기도 되찾는 것처럼 느껴졌다. 이 반찬이 인연이 되어 두 사람은 서서히 가까워지고 마침내 결혼하게 되었다.

여사원은 처음부터 마른반찬으로 총각사원으르 낚으려는 생각은 조금도 없었다. 객지에서 음식으로 고생하는 동료사원에 대한 아주 작은 동점심에서 생겨난 행동에 지나지 않았다. 총각사원은 여사원이 만들어준 반찬에서 고향 어머니의 맛을 마사본 셈이며, 시골에서 온 그에게는 최고의 반찬이었으며 그 맛 한 가지로 다른 조건은 능히 커버가 된 셈이다.

■ 혼전 교섭의 유혹은 희망을 갖게 하면서 두 번 정도는 거절한다

발정한 수컷이 달려들면 암컷은 살짝 피한다. 조금이라도 생각이 있는 경우는 엉덩이를 들고 심볼을 살짝 보인다. 수컷은 더욱 흥분하여 눈에 불을 켜고 달려온다. 이것은 동물 세계의 사랑의 슬기다. 인간의 사랑도, 결혼도 쫓고 쫓기는 일이 없으면 재미가 없다. 단념을 하지 않게, 놓치지 않고서 결혼을 성사하려면 제동(制動)작용의 기술이 있어야 한다. "당신을 원한다." "그래요! 그럼"하고 응한다면 남성편에서도 재미나 뒷맛이 좋지 않을 것이다. 몇 차례나 거절당하고 몸이 달아오른 뒤에 못이긴 채 응하면 남성편에서는 소중한 것을 간신히 얻는 흡족감도 느껴질 것이다. 단지 냉정하게 다루면 남자는 단념하지 않을 수 없을 것이다. 당신의 요청을 받아들이고 싶은 생각은 굴뚝같지만……. 이라는 분위기를 만드는 것이 중요하다. 목이 마를 때 한 잔의 냉수는 최고의 맛이다.

■ 프로포즈를 하지 않는 그에게는 가공(架空)의 맞선 본 이야기를

내 이웃사람의 이야기다. 어머니가 재혼이 결정되어 아가씨는 혼자 살아가지 않을 수 없었다. 교제하고 있는 청년은 있으나 왜 그런지 머뭇거리고만 있었다. 청년은 기다려도 청혼은 생각지도 않고 있었다. 그러나 여러모로 따져보아 두 사람이 결혼하는 것이 가장 좋은 일일 것 같았다. 곁에서 보고 있으니 딱해서 한 가지 계략을 꾸미기로 하였다. 나는 청년을 만나서 *"사실, 그 처녀는 맞선을 보고 있는 중이며, 자칫하다가는 시집가게 될지도 모르는데 그래도 당신은 물러서겠는가?"*하며 넌지시 짚어보았다. 어제까지 별로 탐내는 기색이 없었던 청년의 태도는 180도로 전환하였다. *"그녀를 놓칠 수 없어요."*하며 나에게 도리어 좋은 방법을 강구해 달라고 요청하였다. *"맞선 본 상대로부터 되돌려 주세요."*였다. 나의 계략은 훌륭히 적중하였다. 혼담은 급진전하여 혼사는 축하를 받으며 성사되었다. 남자란 참으로 기묘하다고 느끼지 않을 수 없다.

"혼담이 있을 터인데 어쩔 겁니까?"

*"서로 좋다면 결혼하겠죠."*라는 대답이 나왔다면 맥이 풀리겠지만 포기할 수 밖에 없었을 것이다.

■ 학생시절의 남자친구는 당기거나 멀리하지 않고 보유해 둔다

이 사랑에 실패하면 깨끗하게 자폭한다 등 장절(壯絶)한 사람도 있다. 그러나 여자에게는 결혼은 평생의 대사이다. 뛰어난 사업가는 지나치게 자만심을 가지지 말고 살아남을 길을 마련해 두는 법이다. 물론 몇 개의 사랑을 저울대에 올려놓으라는 말은 아니다. 장사라면 옛 단골손님도 명부에 올려놓고 세모의 연하장 정도는 발송하는 편이 좋다. 당장은 거래가 이루어지지 않더라도 언젠가는 다시 좋은 단골손님이 될지도 모르는 법이다. 사랑에 뜨겁게 몸이 달아오른 사람은 듣기 싫은 말 일지도 모르나, 절대라고 생각했던 것도 허사가 될 때도 없지 않아 있을 수 있다. 열이 올랐던 사랑이 실연되었을 때, 그 상처를 고쳐주는 사람은 옛날의 남자친구인 경우가 매우 많다.

그리고 그 남자친구를 의지하여 얼마든지 행복한 가정도 이룩할 수 있다. 뒷날을 위해 옛 단골손님의 명부의 정리도 정성껏 해 두는 것이 장사하는 사람으로는 잊어서는 안 되는 일이다.

5

남성의 변심에 대처하는 법

남자의 바람기 원망(怨望)을 투시(透視)한다

훌륭한 왕비가 있는데도 항상 다른 여성에게 손을 대는 왕이 있었다. 정승인 한사람이 간언을 드렸다. *"아무것도 나무랄데가 없는 왕비가 계시는데도 무슨 부족이 있으셔서 다른 여자를 넘보십니까?"* 간언을 솔직하게 받아들인 왕은 사례로 정승에게 융숭한 대접을 하였다. 요리는 처음부터 같은 요리였다. 끼니마다 같은 요리에 신물이 나서 정승은 보기조차 역겨워졌다. 정승은 왕에게 사양하겠다고 말씀드렸다. *"고맙습니다만 날마다 같은 음식에 이제는……."* 그러자 왕은 싱긋이 웃으며 *"정승도 내가 왜 바람을 피우는 지 알만한가?"*

인간의 마음에는 남자나 여자나 바람기 원망이 있을 것이다. 그러나 이런 바람기가 곧 돌아올 형이라면 당황할 것은 없다. 반드시 제자리로 돌아올 것이다. 잠시 동안의 바람피우는 것은 모르는 체 하고 안보는 것이 약이라는 생각으로 기다려 보는 것이 슬기로울 것이다. 머지 않아 잠시 동안의 바람기 병은 고쳐질 것이다. 만일 끊어진 연줄형이라면 조종 불능이니 어디로 날아갈지 모른다. 이럴 때는 재빨리 형편을 파악하여 대책을 세우지 않으면 안 된다. 그리고 가장 두려운 것은 완전히 그이의 마음이 식어버린 경우이다. 남자의 변심은 예측도 안되고, 항상 불안한 것이기도 하다.

변심은 몸에 나타난다

■ 가까이 있는 아내의 것을 신경질적으로 배제하려 할 때는 마음은 식어져 있다

서로 사랑하는 두 사람의 생활권은 공동의 것이다. 그러나 사랑이 식었을 때 두 사람의 세력권은 분할되어 상대를 넣지 않으려 한다. 남편의 변심을 깨닫지 못하고 세력권에 들어가면 *"곁에 오지말라"*고는 말하지 못하면서 아내의 것을 멀리하려한다. 핸드백·머리핀·화장기구 등. 심지어 아내가 늘 쓰는 컵도 가까이 두지 못하게 한다. *"빨리 가져가" "다른 데로 가지고가"* 등 심할 때는 던져버려 부수기도 서슴치 않는다. 상대의 존재가 거북하고 가능하면 없어져서 눈에 보이지 않기를 바라게 된다. 이 정도면 상당히 냉각한 것을 뜻한다. 그리고 소름이 끼칠 정도의 차가운 눈으로 보게 된다. 마치 책상이나 의자 등 가구를 보는 것 같은 시선이다.

이와 같은 차가운 눈의 남성은 가끔 보게 된다. 곁에 있는 사람까지 싸늘한 느낌을 느끼게 한다. '눈은 *외부*에 *나타나 있는* 뇌(腦).'이 있다. 거리를 걷고 있는 사람을 아무 감정이 없는 눈으로 보는 것은 마음에 따뜻한 감정이 없는 차가운 느낌을 주는 눈이다.

■ 아내의 질문을 무시하고 말씨가 거칠어질 때는 보복을 시험해 본다

남성의 경우는 아무 말도 안하는 것으로 심중에서 어떤 인물에의 미운 생각을 점점 증가시키고 있을 때가 있다.

아내에 대한 증오심이 상승하고 있을 때, 당신이 질문을 했다면 일부로 모른체 하거나 퉁명스럽게 응답하거나 전혀 대답을 안하거나 한다.

남편의 대답을 원한다면 아내의 소신을 무시하는 것으로 당신에의 보복을 시험하고 있는 것이다. 그러나 대답하지 않는 것은 도리어 좋은 편이다. 당신의 말꼬리를 잡고 큰소리를 치거나, 말씨를 거칠게 하여 비난하는 경우도 있을 것이다. 다만 주의할 점은 이런 태도는 변심했을 때에 한다는 것은 아니다.

가령, 회사에서 마음 상하게 되었을 때도 자기의 허물을 아 내에게 전가(轉嫁)해버린다. 아내를 부정(否定)하고 미워하는 것으로 얼버무리려고 한다. 하급사원의 비애로 회사에서 풀지 못한 감정을 만만한 아내에게 발산하려는 심사다. 이런 경우는 태풍이 지나 고요해지기를 기다리는 것이 슬기롭다. 주위의 형편이 바뀌면 본디의 평온한 날씨로 되돌아 오는 것이다.

■ 우연히 어깨가 다하아도 몸을 움츠릴 때는 본능적인 혐오감

남성은 아무리 노력해도 사랑할 수 없는 여자를 안을 수 없다. 이 점은 남자편이 여성보다 결백하고 정직한 편이다. 무심결에 여자 몸에 닿았을 때 남성은 부드럽게 받아들인다. 그러나 그것이 사랑이 식은 여자의 몸이라면 순간적으로 흠칫하며 몸을 움츠린다. 이것은 본능적인 혐오감이다. 시간이 경과하면 고쳐지는 그런 종류는 아니다.

만일 당신의 남편이 몸을 움츠리게 되었다면 깨끗하게 단념하고 새로운 인생의 길을 찾는 것이 슬기로운 일일 것이다.

■ 방에 들어서자 바로 창문을 열 때는 아내의 냄새가 싫어진 증거

옛 이야기에 '사모하는 여자의 배설물의 냄새를 맡는 남자'가 있었다. 하녀가 내다버린 사모하는 여자의 배설물을 몰래 가로챘다. 달빛에 비춰보니 검정색 덩어리였다. *"이것은 그녀의 것이다. 어차피 내 뜻을 이룰 수 없을 바에는 그녀의 배설물의 냄새나 맡자. 싫어지면 단념할 수 있을테니까."* 그런데 어쩐지 이상하였다. 손가락으로 찔러서 맛을 보았다. 달짝지근 하였다. 냄새도 상쾌한 냄새를 풍기고 있었다. 그것은 배설물이 아니라 경단이었다. 여자는 남자가 자기의 배설물을 갖으러 올 것을 미리 눈치채고 경단을 만들어 배설물처럼 하녀를 시켜 버리게 하였다. 옛날 이야기지만 양가 규수의 재지(才智)와 익살이 읽는 사람을 흐뭇하게 만드는 이 야기이다. 이로써 남자의 연심은 더욱 불붙게 된 것은 물론이다.

이 이야기와는 역으로 사랑이 식어지면 상대의 냄새를 맡는 것이 견딜 수 없게 싫어진다. 아내가 있는 방에 들어온 남편이 덥 지도 않은데 덜컹 창문을 열어서 방안 공기를 바꾸는 것은 아내 의 냄새가 싫어진 대표적인 동작이다.

아내가 사용한 뒤의 화장실에 들어가지 않을 때도 역시 남편 의 사랑은 식었다는 좋은 증거이다. 사랑이 식지 않았으면 은근 히 애착을 느끼게 하는 것이다.

남편의 바람기를 간파하는
오감활용법(五感活用法)

■ 후각(嗅覺)
 – 남편의 하의나 몸에서 다른 여자의 냄새를 맡는다

"남편이 다른 여자를 사랑하고 있는 것은 아닌가" 설령, 막연한 의혹일지라도 이런 의심이 일게 되면 아내는 모두 냄새에 민감하게 된다.

당신이 후각인간은 아닐지라도 자연히 후각이 예민해지는 것이다.

남편과 애인사이에 관련된 정보를 눈에 띄지 않게 수집해 보도록 한다.

드레스셔츠·하의·손톱사이·치모(恥毛) 냄새를 맡아보는 것이 좋다. 양복보다 피부에 밀착해 있는 편이 문제가 된다. 향수나 화장품의 냄새 뿐 아니라, 그곳의 냄새도 맡아보도록 한다. 가령, 씻어도 잠시 지나면 그 냄새는 되살아난다. 혹은 다른 비누냄새가 날지도 모른다. 수염도 잘 조사해보도록, 아래쪽은 씻어도 수염을 씻는 것은 잊기가 쉽다. 그런 탓에 수염이 있는 남자는 바람기가 잘 드러난다.

■ 시각(時角)
– 움직일 수 없는 증거는 옷에 붙은 털로 잡는다

셔츠나 손수건에 연지가 묻어 있다. 양말을 뒤집어 신고 왔다 등의 고전적인 실수를 범하는 남성은 별로 없을 것이다. 움직일 수 없는 증거를 찾자면 털에 주의할 일이다. 머리카락·치모·가축의 털, 털은 무엇이거나 놓쳐서는 안 된다. 흰머리카락이 몇 개 붙어 있다고 "뭐야! 상대는 할머니가 아닌가!"라고 안심하고 있으면 낭패를 당한다.

어느 부인이 아이를 데리고 일주일간을 시골 친정집에 다녀오니 자기 냄새가 아닌 다른 여성의 냄새가 은은히 느껴졌다. 그러나 이것만으로는 확실한 증거가 되지는 못했다. 그래서 그녀는 털을 찾기 시작하였다. 재빨리 청소기의 집진백을 열어보았다. 자신의 짧은 머리털이 아닌 긴 머리털이 보였다. 색깔도 굵기도 파마한 모양도 자기 것과는 다른 털이 발견되었다.

정사뒤의 빠진 털을 본 남편은 여인을 돌려보낸 뒤에 허둥대고 청소기로 청소한 것으로 짐작되었다. 아내가 없는 집에 애인을 끌고 오는 것도 미묘한 심리지만 어쨌거나 그녀는 남편을 채근하여 바람피운 것을 자백하도록 해야 할 것이다. 누구나 남의 아내 된 사람은 자기의 털의 특징을 잘 알고 있어야 한다. 잘 관찰하면 사람은 각기 상당한 차이가 있고, 특징이 있는 것 이다. 굵기·길이·색깔·꼬임 등을 살펴두는 것이 좋다. 하의나 양말에 본인 것과도 다르고 당신 것도 아닌 다른 것이 붙어있으면 틀림없다. 또 당신 집에는 없는 개나 고양이의 털도 붙어오기 쉽다. 이것도 의심스럽다. 어느 것이나 시력이 약한 사람이나 근시도가 강한 사람은 찾아내기가 쉽지 않다. 무리한 일이다. 바람기의 증거를 잡자면 먼저 좋은 안경이나 확대경 정도는 준비해 두는 것이 편리할 것이다. 이런 것을 미리 준비 하지 않는 사람은 남편을 믿고 안심하고 살 수 있는 사람이며 남편의 바람기가 있어도 위험성이 없다는 것을 믿는 마음이면 그보다 더 다행한 일은 없을 것이다.

■ 청각
　－ 즐기는 음악이 급변하면 이상하다

귀를 기울여 남편의 바람기를 캐내는 방법이다.

첫째 지금까지 관심을 가지지 않던 음악을 그리운 듯 듣는다. 이것은 좀 이상하다. 가령 이제까지 별로 즐기지 않던 감미로운 여자들이 듣기 좋아하는 음악에 갑자기 귀를 기울이고 박자를 맞춘다든지, 따라한다든지 하면 변화가 생긴 것은 확실하다.

"직장 여성에게 배운거야." 한다면 더욱 의심스럽다. 그전에 가지고 다니지 않던 장식품이나 넥타이 색깔의 취향 등의 변화도 조심해서 살펴볼 일이다.

둘째는 당신의 이름을 부를 때 한순간 더듬거리거나 베드타임에 이 증후가 나타나면 우선 수상하다. 이름을 부르는 것은 조건반사이다. 속일 수 없는 증거이다.

■ 촉각
- 성교할 때에 사후태도에 노정(露呈)된다

갑자기 손을 잡으면 흠칫 끌어당긴다. 언제나 당신을 애무하듯 살짝 어깨 등을 만졌는데 몸이 닿으면 피하려 한다. 잘 때는 당신의 몸의 어딘가에 손을 얹거나 닿거나 했었는데 등을 돌려 서 잔다.

남편에게 이런 태도가 보이면 의심할 여지가 없다. 피부의 접촉에는 그 사람의 잠재의식이 정직하게 나타난다. 당신을 다른 사람인양 보기 시작하고 있는 것이다.

바람을 피우고 있을 때는 아내와의 성교의 횟수가 주는 것은 당연할 것이다. 그러나 횟수만으로 판단하는 것은 위험하다. 일에 지쳐있을 때도 있을 수 있다. 게다가 이런 예도 있다.

횟수는 별로 변하지 않았으나 전에는 끝난 뒤에 아내 곁에 붙어 자던 남편이 어느 시기부터 돌아눕거나, 멍하니 천정이나 벽을 보게 되었다면 잘 조사해 보아야 할 것이다. 아마 거의 십중팔구는 바람을 피우고 있는 중일 것이다. 간파하는 요점은 횟수가 아니라 사후태도에 있다.

■ 미각
- 아내의 요리에 불평을 토하게 되면 외부에서 맛있는 것을 찾았다는 증거

"이런 맛없는 밥을 먹을 수 있어." *"다 식어빠진 것 아닌가!"* 음식에 별로 불평을 하지 않던 남편이 이런 투정을 한다든가, 식사가 끝난 뒤에 불쑥 젓가락을 던지거나 하며 집에서 식사하는 횟수가 적어진다면 이런 것은 어디선가 맛있는 것을 먹고 있는 가능성이 크다.

어떤 여성에게서 눈이 멀게 되면 남성은 즐기는 맛까지 변화는 일이 있다. 이제까지는 짠 것을 좋아하며 무엇이나 간장을 쳤다. 심지어 일류 호텔의 카레라이스에도 간장을 치던 남편이 갑자기 싱겁게 먹기 시작한다. 그전처럼 아내가 요리한 짠 것은 화를 낸다.

까닭이 있는 것이다. 이 남성을 조사해보니 일류 레스토랑 호스티스와 깊은 사이가 되어 있었다. 남성은 나이가 들면 차츰 고향의 맛, 어머니의 맛으로 돌아간다. 그러나 상상도 못하도록 맛이 변하기도 한다. 정말로 귀신이 곡할만한 일이다.

■ 수상하다고 느낀 두 사람을 시험하는 법

성적 흥분을 남자가 미묘한 체취(體臭)를 발산하면 틀림없다

나의 대학 동기생이 있었다. 그는 놀기를 매우 좋아하는 바람둥이였다. 아내는 손을 든 상태고 잔소리도 하지 않았다. 오직 한 사람만은 절대로 손대지 말라고 당부하였다. 그와 동기생이며 참으로 좋은 여자였다. 당부대로 남편은 그 여자만은 손을 대지 않은 것 같았다. 그러나 차츰 무언가 수상한 분위기로 되어갔다. 아

내는 생일축하 모임 때 그 동기생 친구도 초대 하였다. 남편과 둘이만 남겨두고 2~3분 자리를 비우게 되었다. 돌아와서 보니 두 사람의 모습은 전연 바뀐 것이 없었다. 가벼운 대화를 나누고 있을 뿐이었다.

그런데 아내는 남편의 몸에서 특수한 냄새가 나는 것을 느꼈다. 기름진 냄새와 비슷하였다. 이런 냄새는 성충동을 느낀 남성이 풍기는 냄새였다. 남자가 사랑하는 사람과 함께 있으면 발산하는 냄새다. 그러나 이상하게도 제 3자가 있으면 발산하지 않는다. 본능적으로 위험하다고 느끼든가, 긴장해 있는 것이다. 이 두 사람은 물론 서로 정을 통한 사이인 것을 후에 고백하게 되었다.

이런 방법도 써봄직한 방법이다. 그러나 너무 오래 둘이만 남겨두는 것은 안심이 안 된다. 길어도 3분 이내라야 할 것이다. 너무 오래 두 사람만 있게 하면 육체관계가 없어도 남자의 몸에서는 이런 냄새가 발산되는 것이다.

■ 여자가 동요하여 쇄골(鎖骨)의 사이가 붉어지면 의심할 여지가 없다

남편과 문제의 여성을 동석시킨다. 차를 권하는 척 하면서 남편의 얼굴을 바라본다. 턱을 당기고 시선을 위쪽으로 올리며 약간 노려보듯 한다. 이것은 의혹의 눈매이다. 누가 보아도 의심하고 있구나 느끼게 된다. 양심의 가책을 받을 일이 있으면 당신의 표정에 특히 민감해지고 있을 것이다. 그녀는 당신이 남편을 의

혹의 눈으로 보고 있는 것을 깨달으면 섬뜩할 것이 다. 그러면 목의 언저리에서 쇄골 사이가 충혈(充血)되어 붉은 색이 번져지게 된다. 남자도 여자도 몸의 일부에 허로현장치(馮露顯裝置)가 있는 것이다. 마음이 동요하거나 거짓말을 하거나 하면 그 부분이 붉어진다. 여자는 쇄골사이, 남자는 귀 이것은 의외로 잘 맞는다. 두 사람이 아무 협의가 없다면 그녀의 목 언저리가 아무런 변화가 나타나지 않는다.

의상이 깃이 여며진 양복을 입으면 다음 기회까지 기다려야 한다. 옷으로 말하면 겨울보다 여름 편이 여자의 마음을 쉽게 알 수 있다.

■ 이름을 부를 때 달콤한 끈기가 있으면 혐의가 있다

남편이 그 여성의 이름을 부를 때 왜 그런지 어색하고 자연스럽게 부르지 않는다면 둘 뿐일 때에는 다르게 부르고 있을지도 모른다. 넌지시 별명을 알아내 보면 재미있을 것이다. 또 이름을 부를 때 처음은 조심하여 보통소리로 부르면서 아무도 없는 단 둘이가 되면 이상하게 달콤하고 물기가 있는 끈적한 소리로 부르면 여자도 애교 섞인 소리로 "예—" 할 것이다. 조건반사에 익숙해 있는 탓이다. 그럴 때는 당신도 그 여자를 부를 때 달콤하고 끈적하게 불러보거나 별명을 불러볼 일이다. 두 사람의 사이가 깊으면 깊을수록 그 여성은 위화감(違和感)을 느끼게 될 것이다. 그 여성이 흠칫 몸을 움츠리면 그것을 본 당신의 남편도 아마 표정이 굳어질 것이다.

■ 여자 앞에서 남편에게 착 달라붙어 보아 반응이 있으면 혐의가 짙다

어느 정치가의 이야기이다. 꽤 배짱이 두둑한 거물이다. 첩이 보는 앞에서 자기 아내를 끌어안고 *"내게 아내는 보물이다. 당선된 것도 아내의 힘이 컸다."*고 말하자 첩은 당연히 화를 내고 토라지며 *"빗대어 말하지 말아요."*한다. *"나는 다만 너의 간장 을 태워보려 했을 뿐이야. 맛있는 것을 사줄까"*

아내는 두 사람 사이를 의심하고 있었으나 너무나 배짱 좋은 연기에 보기좋게 속았다. 정치가 양반은 양편을 잘 수습했다고 자못 만족스러운 태도였다.

이런 거물도 있기는 하지만 보통 남자는 이런 연기를 해내지 못한다.

그 여성의 앞에서 일부러 정답게 착 달라붙어서 좋아하는 체 한다거나, 혹은 슬쩍 그의 무릎에 손을 대어본다.

만일 혐의가 많은 사람이라면 남편은 몸이 굳어지며 여성편은 못 본 체 하면서 힐끗힐끗 그의 표정을 살피려고 할 것이 다. 이것은 그녀에게는 남자의 본심을 시험하는 절호의 찬스이다.

아내보다 자기를 사랑한다는 것을 믿고 있는 탓에, 타인의 남편에 몸을 맡기려는 생각을 한다. 그런데 그 남자는 아내를 자기와 같이, 혹은 그 이상으로 사랑하고 있다면 그녀는 허용 이 안될 것이나 두 사람 사이가 혐의가 없으면 좀 잔혹한 방법이지만 남편이 하는 태도 여하로 상대 여성이 단념하게도 할 수 있다. 간 파하는 것만이 아니고 해결이 된다면 일거양득이라 하겠다.

■ 여자에게 남편의 음료를 만들게 하여 솜씨가 익숙하 면 혐의가 많다.

여성이 *"미안하지만 나는 다른 일이 있으니 남편의 음료를 만들어 주시겠습니까? 손님에게 수고를 끼쳐서…….."*

그리고는 남편에게 *"당신 미인께서 만들어 주신 주스 맛은 특별하 죠?"* 라든가 하여 상대 여성을 당신들 친구로 끌어들이는 체 하며 두 사람의 마음을 안심시킨다. 그리고 그녀에게 남편의 음료수 를 다시 시중들게 한다. 약간 서툰척하다가 서슴없이 해낸다면 이것으로 자주 남편의 시중을 들어왔다는 확증을 잡을 수 있다. 늘 하는 동작은 일종의 버릇이라서 처음은 눈에 보이지 않게 서 툰 채 하다가도 반드시 본바탕이 드러나게 마련이다. 그 태도로 남편과의 관계의 정도를 알아내게 된다.

바람피우는 남편의 마음을
유형에 맞추어 되돌리는 법

■ 회사에만 의지하는 남자에게는 위협하는 방법이 효과적

회사 내에서의 평판이 떨어지는 것이 가장 두렵다. 아주 평범

한 샐러리맨의 타입이다. 회사를 그만두면 다른데 취직하기도 어렵고 그렇다고 죽음을 결심할 만큼 바람을 피울 수는 없다. 그런 남성에게는 위협의 방법이 효과적이다. *"회사 부장님께 호소하겠어요!"*라고.

이런 예가 있다. 어느 회사의 간부 부인이 쓴 방법이다. 남편의 바람기를 상사에 게 밝히겠다고 얼음장을 놓았다. 남편은 그렇게 못하리라고 가볍게 여기어 조금도 반성할 기세가 보이지 않았

다. 생각다 못해 부인은 최후의 수단으로 회사 사장을 찾아가서 자기 남편의 소행을 폭로하였다. 남편은 체면도 안서고 가정도 지탱하지 못할 것이라는 각오로 남편의 소행을 폭로한 것이다.

사장은 부하 직원의 부인이 남편의 소행을 고쳐주기를 호소하는 것을 친절하게 받아들여 남편을 알아듣게 꾸짖기도하고 타이르기도 하였으나 회사 내에의 갈등이나 감봉의 조치 같은 것은 없었다. 그런데 효과는 기대 이상이었다.

그 이후 남편은 깨끗하게 바람기가 사라졌고, 아전보다 훨씬 가정적인 좋은 남편, 좋은 아버지노릇을 하게 되었다.

그토록 좋아했던 바람기가 이상하게도 깔끔하게 씻겨나갔으며 전에 사귀던 여자들은 거들떠보기조차 싫어졌다는 것이다

샐러리맨이란 자기의 심중(心中)까지 회사가 알게 되고 조정 되는 것을 싫어하는 것이다. 뒤의 예는 다행스럽게도 좋은 결과를 얻은 소위 해피엔드의 경우이나, 모든 사례가 같은 결과를 가져오기만 하는 것은 아니다. 반대로 남편의 분노가 폭발 하여 회사를 퇴직, 아내와의 이혼 등 최악의 사태로 발전한 예도 있을 것이다. 직소(直訴)로 아무 때나 써서는 안 되며, 최소한의 위협하는 선에서 좋은 결과를 얻도록 힘써야 하겠다.

또 자긍심이 강한 남성이나 회사가 아니어도 먹고 살아갈 형편이나 환경에 있는 남편에게는 역효과가 나타날 위험성이 있다. 남편의 잠자고 있는 양심을 일깨워 피차 상처받지 않고 고쳐질

방법을 찾아야 할 것이다.

■ 본바탕이 유순한 남성에게는 성의를 가지고 대한다

동정심이나 친절심이 몸에 밴 남성은 애인이 생겨도 아내에 대해 그렇게 냉정하지 않다. 마음이 유순한 탓에 어느 쪽도 등 을 돌리지 못하고 중간에서 선택을 망설이고만 있다. 변심하더라도 사람의 성의가 통하는 상대이다. 당신도 성의를 가지고 상대를 대해야 할 것이다.

집에 돌아온 뒤에는 성의를 다하여 식사를 장만하고 식사를 남기더라도 잔소리를 하지 말고 치운다. 결코, 보라는 듯 보는 앞에서 짜증스러운 행동은 삼가해야 하며 아이들 앞에서는 아버지의 험담같은 것은 해서는 안 된다.

어버이날이 된다든지 했을 때는 아이들에게 선물을 마련하게 하는 것도 잊어서는 안 된다. 아버지로서의 자각을 유도하는 것이다.

"언제라도 돌아갈 수 있는 따뜻한 장소가 당신을 기다리고 있어요." 하는 것을 분명히 알려주는 것이다. 가정의 소중함을 알고 있는 타입이라서 자기반성을 하고 언젠가는 마음을 돌릴 것이다. 단지, 겉으로는 유순한 태도를 취하면서 내심이 차가운 사람은 이 방법이 역효과를 가져올 염려가 있다. 온 가족이 뒤엉켜 우울하게 되어 피해버릴지도 모른다.

■ 자존심이 강한 남자에게는 몸을 단정히 하고 대한다.

남에게 지기를 싫어하는 남자는 세력권의식이 강하며 질투심도 강하다. 틀림없이 어릴때부터 욕심쟁이였을 것이다. 싫증이 난 장난감이라도 아무나 손을 대면 *"안돼! 안돼!"*하며 빼앗는 아이의 타입이다. 어른이 된 뒤에도 마찬가지다. 돌보지 않던 아내라도 다른 사람이 손을 뻗치면 화를 낸다. 이런 면을 요령있게 다독거린다. 당신은 정성을 기울여 아름다워지려고 힘쓴다. 눈썹이 희미하면 굵게 눈썹화장을 하는 것도 잊지 않는다. 그리고 애인을 만들도록 한다. 그렇지만 실제의 애인이 아니라 가공의 애인이다. 가수나 배우 누구라도 상관없다. 멋진 그를 의식하면서 매력적인 여성이 되도록 힘쓴다.

여자가 매력적으로 되자면 사랑을 하는 것이 가장 좋다. 온 몸에서 광택이 발산한다. 사랑도 할 수 없는 여자는 사랑을 받을 수 없는 여자이다. 설사 아름다운 사람일지라도 진정한 여 자의 매력은 없다. 가끔 외출을 하는 것도 좋은 방법 이다. *"이 여자를 다른 남자에게 빼앗겨서는 안 된다"*라고 남편이 느끼게 하는 것이 작전의 요점이다.

그렇다고 결코 진짜 연인을 만들어서는 안 될 것이다. *"미라 잡는 사람이 미라가 된다"*라는 말이 있다. 조심해야 할 것이다.

■ 성적 흥미가 강한 남자는 오로지 *"좁은 여자"*를 구하고 있다

여성을 평가하는 기준이 그곳의 타입. 질(膣)이 좁혀져 있는 것이 왜 그리 좋은지는 모르나, 아내 것은 '넓어져 있다'는 것 이 바람을 피우게 되는 원인으로 삼는다. 다른 좋아하는 여성이 생겨 구실인가하면 그렇지만도 아닌 것 같다. 진심으로 좁은 여자를 찾고 있기도 한다.

아내와 성교를 할 때도 *"어째 당신의 것은 마찰감이 없어"*라고 투정을 한다. 아내도 지지않고 *"좁히면 되잖아요!"*하고 실제로 좁히는 수술을 받았다. 그 이후 남편의 바람기가 그쳐졌다는 실례도 있다. 여성은 남성에게는 여러 종류가 있다는 것을 알아두어야 한다. 그런가 하면 세상에는 단순한 남자도 있는 것이다.

단순한 남자와 평생을 잘 어울려 살자면 여자도 단순해지지 않으면 피곤해 진다. 서로 양보하지 않고 **'성격의 불일치'**를 이유로 이혼할 것이 아니라, 성격의 불일치가 어디에 있는가를 서로 의론해서 찾아내고 고쳐나가도록 해야 할 것이다.

■ 어머니를 소중하게 여기는 남자라면 시어머니에게 일임하여 결말을 낸다

시어머니의 치마폭에 감싸여 자란 남편일 경우, 시어머니와의 갈등은 계속하게 마련이다. 이럴 때 *'부부간의 일은 부부가 처리한다.'*는 고집을 부려서는 안 된다. 남편의 어머니에게 일임하여 처리하는 방법을 물어 결말을 짓는 것이 가장 원만한 방법이다. *'끝이 좋으면 모든 것이 좋다.'*는 말이 있다. 요점은 남편을 끌어들이는 것이 목적이다. 하고 싶은 말이 태산 같아도 남편에게는 말하지 않는 것이 가정의 평화를 유지하는 좋은 방법이다. 또 시어머니를 내 편으로 만드는 방법도 여러모로 궁리해 볼 일이다. 남편이 소중하게 여기는 시어머니를 내 편으로 끌어들이는 것은 바로 남편을 내 편으로 끌어들이는 방법이기도 하다.

　바람기의 상대가 만만치 않은 여자일수록 시어머니를 완전히 내 편으로 끌어들이면 든든한 방패구실이 될 것이다.

아내의 바람기 은폐술(隱蔽術)

■ 아내의 바람기는 전화로 들통난다

여자는 상대가 생기면 늘 소리가 듣고 싶어진다. 가정에서 꼬이는 일이라도 생기면 상관없이 상대에게 호소하려 한다. 아이들이 눈치채지 않으려면 전화를 걸지 말아야 하는데 전화를 걸어 소근소근 대화를 한다. 얼빠진 도둑이 증거를 뿌리고 다니는 꼴이다. 여자는 비밀을 즐기지만 슬기롭지 못한 짓이다. 남자에 비해 밸런스 감각과 방위능력이 약간 부족한 탓에 지키면서 공격하거나, 도망하면서 지키거나 하는 동시진행(同時進行) 능력이 부족하고 되지 않는다.

그런 탓에 언제 전화가 걸려오든 아니면 이쪽에서 걸어도 어색하지 않는 일감이나 용무를 마련해 두어야 한다.

영업관계의 일이나 남이 들어도 떳떳할 용무 등이 있어야 할 것이다.

혹 전화 통화중에 남편이 돌아오면 상대가 여성으로 통화한다. 물론 사전에 약속이 되어 있어야 하겠다. 남편이 현관에 들어서면 *"아주머니 건강하시죠. 몸조심 하세요. 아주머니도 힘드시겠지*

만……주인께도 안부 전하시고 그럼 안녕히."

이만하면 남편도 안심하고 기분을 상하지는 않을 것이다.

남편의 청각을 이용한 청각 봉쇄작전이다.

■ 이제까지와 같은 체취를 지켜나간다

남편을 의심하고 있는 아내와 같이 눈에 보이지 않는 무엇인가를 찾아내려 할 때의 남자의 후각도 예민해진다.

샤워를 할 때도 호텔의 비누는 쓰지 않는다. 화장을 할 때도 유별나게 하지 않는 등등의 배려가 필요할 것이다. 잠깐 분칠을 고쳐하는 것은 눈에 띄지 않을지 모르나 화장품의 냄새가 진하면 이런 데서 들통이 나기 쉽다.

「왜 그런지 견딜 수 없이 당신의 목소리가 듣고 싶어서…….」

또 한 가지 주의를 해야 하는 것은 담배냄새다. 머리카락이나 옷에 스며든 담배냄새는 간단히 없어지지 않는다.

종류가 다르면 냄새도 다르다. 상대가 피운 담배가 남편 것과 같은 종류라면 다행이지만 이 담배 냄새는 처리가 곤란하다.

■ 절대로 남자의 이름을 부르지 않는 습관들

아무리 조심을 하더라도 반년 이상이나 사귀면 상대의 이름을 잘못 부르게 되는 경우가 생긴다. 일종의 조건반사이지만 두려운 것이다. 조심을 하면 할수록 말해서는 안 되는 이름이 무심코 입에서 튀어나오게 된다.

내가 알고 지내는 사람 중에는 이상한 취미를 가지고 있는 부부가 있다. 베드 타임에는 서로 그때 그때에 자기가 좋아하는 가수나 탤런트의 이름을 서로 부른다는 것이다. 남편은 "영자!" "영자!"하고 아내는 "철수!" "철수!"라고. 마치 지금 자기가 '영자'하고 즐기는 기분을 느껴보려는 심사일 것이다. 이런 습관은 좀 드문 일이지만 얼마든지 있을 수 있는 일이라 수긍이 된다.

■ 화려한 속옷은 스스로 적신호를 보내고 있는 것이다

양복·머리형·화장 등은 어느 여성이라도 그때 그때 기분으로 돈을 들이는 것이지만 바람을 피우는 여성은 속옷이나 핸드백, 구두 등 눈에 보이지 않는 곳에 돈을 쓴다. 그중에서도 특히 속옷에 신경을 쓴다.

레이스가 낡아빠진 브래지어나 팬티를 입고 애인을 만나러가는 여성은 없다. 좋은 속옷을 입지 않으면 여자는 그럴 기분이 안난다. 대개의 남자는 이런 점을 잘 알고 있다. 아니 몰라도 아내가 속옷에 신경을 쓰고 있으면 위험한 것을 느끼게 되어 들통이 나게 된다. 그래서 역으로 이용하는 방법도 있는 것이다. 이것은 가까운 이웃에 장사하는 부인의 예다. 그녀는 식당음식의 재료를 구입하는 것을 구실로하여 밀회(密會)를 거듭하고 있었다. 아주 수수한 옷차림으로 나가서 재료를 사가지고 돌아온다. 누구도 의심하는 사람이 없었다.

　그런데 어느 날 나는 그녀를 우연히 만났다. 정말로 깔끔하고 빈틈없는 옷차림이었다. 만일 턱밑에 점이 없었다면 몰라보았을 것이다. 그녀에게는 공범자 집에서 옷을 갈아입고 밀회하러 가고 공범자는 대신 요리재료를 사주는 그런 식이었다. 공범자에게도 밀회상대가 있었는데 그 상대를 그 부인이 소개를 해주어 서로 돕고 도우며 그야말로 완전범죄를 해내고 있었다.

■ 아무리 잘 감추어도 눈매만은 속일 수 없다

　바람을 피우기 시작하면 동작이나 표정이 바뀌어지는 것이다. 시선도 멍청하게 공중으로 향하고 거울에 오랫동안 자기의 얼굴을 비추어 보고 바람끼라는 말에는 특별한 반응을 나타낸다. 가령, TV나 라디오에서 그런 말이 들리면 일부로 평정한 체 꾸미고 남편의 얼굴을 훔쳐본다. 이런 몸의 표정으로 마음 속까지 폭로하게 되는 것이다. 마음의 갈등이 심신의 균형을 무너뜨리는 탓에 연기로 아무리 감추려하여도 훌륭하게 되는 것이 아니다. 어느 유명한 음악가가 이런 상태에 빠졌었다. 그 때 그녀는 꾀병을 부렸다. *"밤에 잠을 못자요. 심신증인가 몰라요."* 하면서 이름도 없고 경험도 적은 정신과의사를 골라서 찾아갔다. 의사는 진단해 보아도 특별한 이상을 발견할 수 없었다. *"큰 종합병원을 소개해 드릴까요?"* *"아니요. 선생님으로 만족합니다."* 의사의 약처방을 받아 오기는 하였으나 먹지는 않고 가족들 앞에서 *"약을 먹어도 소용이 없어요."*라며 이런 짓을 몇 번이나 반복하면 그 뒤에는 아무리 허탈한 눈매를 하든, 거울 앞에서 오래 앉아있든 가족들은 늘 보고 있는 모습이라서 별로 상관을 안 하게 되었다. 예술가라는 점도 도움이 되었을 것이다. 그럼, 왜 약은 먹지 않고 버렸을까 병이 아닌 탓에 먹을 필요가 없었다. 그보다도 그 약을 먹으면 기분이 들떠서 도리어 안정을 얻지 못하고 중독될 염려가 있어서 였다. 병이 없는 사람에게 정신치료제는 도리어 병을 유발시킨다는 것을 잘 알고 있었던 탓이다.

■ 남편은 속여도 자기의 후각은 속이지 못한다

내가 잘 아는 여자로 이탈리아 은행가의 아내가 있었다. 그녀는 한 번의 과오를 범했다. 과오라는 것은 그 자신도 몹시 후회하고 자책을 받은 탓이다. 경건한 신앙인이었던 그녀는 참회 하고 신부에게 고백하여 의견을 듣기로 하였다. *"이혼을 해야 마땅하겠습니까?"* 신부님은 *"자식들이 있지 않습니까. 자식들 앞날을 생각하고 모든 것을 잊어버리고 남편을 잘 받드십시오."*하였다. 다시는 과오를 범하지 않을 것을 굳게 결심한 그녀는 아무 일도 없었던 것처럼 가정생활을 계속하려 하였다. 그러나 왜 그런지 남편을 수용하기가 어려워졌다. 남편에게서는 흥분도 느껴지지 않았다. 그러다가 거리에서 과오를 범했던 상대가 풍기던 향수인 코롱을 바른 남성과 스치게 되었다. 정신이 아찔해지고 자기도 모르게 그 냄새에 정신이 멍해지는 도취감을 느끼게 되었다. 그녀는 나에게 도움을 청해왔다.

"그럼 당신 남편에게 코롱을 바르게 하시지오. 아니면 당신이 발라드리든지."

"그런 짓을 하면 남편을 배신하는 꼴이 되니 할 수 없어요." 그녀의 말도 수긍이 갔다. 나는 타협안을 제안했다.

"그 코롱을 다른 향수와 섞어 써보면 어떨까요?" 향수란 것은 종류가 다른 것을 혼합하면 각각의 냄새가 나는 것도 아니면서 전의 향수의 냄새도 약간 느껴지게 되는 것이다. 그녀는 약간 미심쩍어 하면서도 해볼만한 의견이라면서 시험해 보기로 하였다. 며칠 후 전화가 걸려왔다. 시험해 본 결과가 아주 좋았다는 말이었다. 남편이 쓰던 향수에 코롱을 섞어쓰게 하였더니 남편을 배신한 것도 아니고, 그녀는 그녀대로 전에 사귀었던 그 남성의 향수 냄새도 느낄 수 있어서 효과가 만점이라면서 좋아하였다.

샤워를 한다. 이것이 슬기로운 바람기 자기 방지법이다

오랫동안 접객업을 해왔던 중년의 여성을 알고 있다. 젊었을 때는 유명한 학자, 정치가, 예술가, 사업가 등 많은 남성과 알고 지냈으며, 바람을 피워 본 여성이다. 그는 많은 남성을 사귀어 본 경험담을 가끔 과거를 회상하듯 털어놓기도 한다.

"마음이 허전해지면 방황하게 되고 바람도 피우고 싶어지기도 했습니다. 마음이 쓸쓸해지면 잇따라 몸도 쓸쓸해지더군요." "그러나 마음이 더 허전해져서 남자를 만들어 한동안 행복감을 느끼게도 됩니다." "오래가지 않아요. 헤어지지 않으면 안 되더군요." "때로는 내편에서 멀어지기도 하고 어떤 때는 그쪽에서 떠나버리고." 중간중간 한참씩 말을 끊었다가 깊은 우물에서 생각을 길어올리듯 이어갔었다. 결국 여자의 쓸쓸한 마음은 남자의 육체로 고쳐지지 않는다는 것이다. 목이 말라서 물을 마시는 것과 같은 이치다. 전보다 더 목마름을 느끼는 것과 같다. 몸이 근질근질하여 별로 마음에 안드는 남자와 동침하기보다 시원하게 샤워나 하는 편이 몸도 깨끗해지고 따라서 마음도 맑아지는 것이다. 바람기도 속 시원히 날려 보낼 수 있다. 뒷맛이 씁쓸한 바람기는 한 고비만 잘 넘기면 가을 하늘처럼 몸과 마음도 청신해 진다.

남자와 잘 헤어지는 법

■ 헤어지는 부담을 남자에게 남기지 않는 여자의 자존심

이 이야기도 실제로 있었던 이야기이다. 열 살이나 연상의 여자가 남자와 동거생활을 하게 되었다. 여자는 성의와 정성을 다하여 남자를 섬겼다. 디자이너인 남자를 잡지 기자인 여자는 자기의 처지를 충분히 활용하여 남자의 일을 도왔다. 잡지기사도 보도기관을 이용하여 남자를 소개하고 선전하기에 기량을 능력껏 발휘하였다. 여자의 노력으로 남자는 점점 알려지고 유명해져서 두 사람 위에는 햇빛이 비추기 시작하였다. 남자는 독립을 할 수 있었고 작지만 스튜디오도 마련할 수도 있었다. 스튜디오를 가지고 나서부터는 모델이 필요하게 되어 나이어린 여자가 스튜디오에 출입하게 되었다. 남의 눈에는 젊은 모델과 디자이너는 한 쌍의 연인사이로 오해하기에 알맞게 어울려 보였다.

그러나 디자이너는 10살이나 위인 잡지 기자를 버릴 수 가 없었다. 도움을 받았다는 정도가 아니라 같은 전장에서 고락을 함께한 전우의 관계라 느껴진 탓이다. 남자로서 전우를 배반할 수 없다. 그는 고민에 빠지게 되었다. 눈치를 채고 있던 그녀는 어느 날 남자에게 말했다. *"이제는 헤어져야 할 때가 되었어. 나에게는 어울리는 남자가 생겼거든. 아무 말도 묻지마. 내일 아침 짐을 챙기러 올*

게." 사실은 새로운 남자가 생긴 것이 아니었다. 남자의 고민을 알게 되어 어울리는 두 사람이 안심하고 살아가게 하려는 모성애를 느낀 것뿐이다. 자기 혼자만의 희생으로 장래성이 있는 두 사람의 행복을 북돋워 주려는 갸륵한 희생심의 발휘였다. 또 자기대로의 살아갈 능력도 있고 자존심을 만족시키려는 생각도 약간은 작용했으리라. 황혼에 싸여가는 도시의 하늘을 우러러보며 아름다운 일을 해냈다는 만족감으로 그녀는 가벼운 걸음걸이로 퇴근길을 부지런히 걸었다.

■ 그이와의 추억에 관계되는 것은 모두 새롭게 한다

미련이 있는 이별 — 이런 충격에서 벗어나려면 모든 추억과 기억을 말끔히 씻어내는 작업이 필요할 것이다. 똑똑하게 인쇄된 기억은 여간해서는 사라지지 않는다. 그러나 착실히 한가지 한가지씩 기억에 관련된 사물을 처분해 나간다. 예산을 고려하여 당신의 능력으로 할 수 있는 범위 내에서 처분해 나간다.

주거를 바꾼다

벽지의 얼룩 하나라도 방의 분위기나 광선이 비추는 형편에서도 어느 것 하나 그이와의 기억에 강하게 연관되어 있는 것 뿐. 집을 옮길 수 없다면 가능한 대로 도배라도 다시 해본다. 신선한 디자인을 골라서 손수 발라보면 경비도 적게 절약될 것 이다. 손쉽게 바꿀 수 있는 것부터 시작해보면 좋을 것이다.

커튼, 가구 등도 돈이 여의치 않으면 친구나 이웃들과 서로 교환하는 방법도 생각해 봄직하다.

머리형을 바꾼다

길던 머리는 짧게, 곱슬곱슬하던 파마머리는 생머리로, 당신의 인상을 바꾸도록 시험해 본다.

옷도 바꾼다

머리형이 바뀌면 따라서 입던 옷도 바꾸지 않으면 안 된다. 그전에 입던 옷은 모두 처분하든가 사회 사업단체에 기증한다. 바겐세일 등을 슬기롭게 이용하여 의외의 많은 경비도 줄이고 새 옷으로 바꿀 수 있을 것이다.

화장품, 향수도 바꾼다

냄새가 얼마나 강하게 기억에 남는 가는 생각보다 오래가고 강하다. 그러나 화장품의 경우는 냄새뿐만이 아니라 병의 모양, 뚜껑 등도 그이와의 기억에 연관지어진다. 화장품은 모두 바꾸는 것이 좋다. 되도록이면 향료는 강하지 않고 부드러운 것을 선택할 것이다. 기분이 가라앉으면 피부도 거칠어지기 쉽다.

요리기구나 식기류도 바꾼다

더구나 찻잔 종류는 빨리 바꾸어야 한다. 아깝기도 하고 버리기가 망설여질 것이다. 그러나 남자를 완전히 잊으려하는 노력이기에 대담하게 멀리해야 할 것이다. 친구 집으로 맡겨두든 지 아주 안 보이는 곳에 치워두든지. 어쩌면 적지 않은 용기가 있어야 과거와의 단절을 이룩할 수 있다.

■ 실연은 하고 싶은 것을 시작하는 인생의 전환점이다

옛날 여자가 겪은 이별의 미학(美學) - 그것은 멸망의 미학이다. 사랑을 잃어버린 여자는 슬픔이 지나쳐서 미치게 되든가, 죽음을 선택하기도 한다. 그런 무력(無力)한 여자에게 세상은 동정하고 여인은 비극의 주인공이 된다. 신파조의 연극의 한 장면이 되든가, 비련의 대중소설의 줄거리로 되기도 한다.

그러나 현대는 이별의 미학도 바뀌어져야 한다. 생명력이 넘치는 것이 아니면 안 된다. 사모를 하고 사모를 받고 배척도 하고 배척도 당하고 얻기도 하고 잃기도 하는 것이 인생의 살아가는 모습이다. 넘어져도 그냥은 일어나지 않아야 하는 인생이 아닌가? 적어도 이 정도의 각오가 없으면 연애도 할 수 없다.

실연하면 좋은 기회라 여기며 이전부터 하고 싶어 했던 일을 시작한다. 가령 자동차 운전, 서예, 수예, 에어로빅체조, 어학수련 등 그를 잃어버린 대신 귀중한 시간을 얻게 된 셈이다. 이런 시간을 자기발전의 좋은 기회로 활용하려는 슬기가 요망된다.

내가 알고 있는 능력 있는 여성의 대부분은 실연한 울분과 비애를 발판삼아 기술을 연마하고 능력을 길러서 사회에서 인정받는 지위를 구축해온 여성들이다. 지금 세상에서 명사가 된 여인 중에는 과거에 실연의 쓰라림을 경험한 여성이 의외로 많다. 마음의 상처에서 피가 흘러내리는 경험도 있었을 것이다. 억울하고 분한 생각에 혀를 깨문 일도 있을 것이다. 그러나 그 이상 자기 자신을 상처 입히고 자학해서는 아무런 소득도 있을 수 없다. 상처는 최소한으로 멈추어야 한다. 잠깐 강도 높은 시련과 마음의 세탁 체조를 했다고 생각하면 잘 극복되고 전화위복의 계기로 삼아가야 할 것이다.

■ 남자를 떨치려면 여자의 무사도(武士道)를 타고서

1. 필요이상으로 상대를 상처 입히지 말아야 한다.

사정없이 상처 입히는 것은 좋지 못하다. 헤어진 상대의 험담은 금물이다. 다만 상대가 당신에게 미련을 남기지 않도록 깨끗하게 마무리를 한다. 1대 1로는 무리라면 상대가 존경하거나 믿고 지내는 사람을 동석시키는 것이 좋다.

2. 한번 헤어진 상대에게 눈에 띄이지 않게 하고 또는 만나지 않도록 한다.

멀리 이사하는 것도 한가지 방법이다. 새로 사귄 사람을 보이는 것도 물론 피해야한다.

3. 새로 사귄 그이에게는 그전 상대의 이야기는 하지 말 것.

남자는 잔혹한 것으로서 전 남자의 험담을 듣고, 자기의 우위(優位)를 확인하려 한다. 당신이 그의 호기심을 사려고 말하면 그이는 다른 곳에 퍼뜨린다.

만일 그 이야기가 전 남자의 귀에 들어가면 사태는 생각지도 못한 방향으로 발전할지 모른다. 당신이 그런 처지를 당하면 어떨까를 생각해보면 알 것이다.

서로 헤어져서 다시 만날 필요가 없는 사람일지라도 상대를 손상시키는 일은 없어야 할 것이다. 이것이 여자가 지켜야 할 무사도이며 이별의 미학이다.

■ 실연한 도수만큼 여성은 아름다워진다

버림을 받은 여자의 설욕전(雪辱戰). 그것은 남자의 행복을 파괴하는 것도, 뺏어간 여자를 저주하는 것도 아니다. 다시 그 남자와 만났을 때, 눈부시게 아름다운 여자로 성장해 있는 것이다.

몇 년에 걸쳐서 보기좋게 설욕전을 치룬 여성이 있다. 시골 출신의 그 여인은 도시 출신의 여자에 비해 틀림없이 촌티가 나고 세련미는 부족하였다.

같은 고향의 남자와 연인사이가 되어 임신까지 하였다. 의논을 하기 위해 그이를 찾아갔더니, 미인이며 세련미가 넘치는 여자를 동반하여 외면을 하고 모르는 체 하였다. 말할 수 없이 불쾌하고 모욕을 받은 그녀는 다시 만나 서 의논할 생각도 하기 싫었다. 단독으로 산부인과를 찾아가서 낙태수술을 받았다. 학원에 다니며 공부를 하여 건축사무소에 취직을 하고, 젊은 건축가를 알게 되었다. 젊은 건축가의 간절한 청혼을 받아들여 결혼을 하고 아이도 가졌으나 자기발전에 힘쓰기를 계속하였다. 해를 거듭할수록 세련미는 더해지고 아름다움도 가지게 되었다.

10년쯤 지나 어느 모임에서 우연히 10년 전에 헤어진 남자를 만나게 되었다. 그는 눈부시게 아름다워지고 품위있는 중년주부로 변신한 옛 애인을 보고 "행복해 보이는데요." "예. 덕택으로." 그 남자는 심중이 대우 복잡해 보이기도 하였다. 10년 전에 외면하고 푸대접했던 일을 후회하는 표정이었다. 결과적으로는 훌륭한 복수랄까, 보복을 한 셈이다.

■ 한번 등을 돌렸으면 절대로 뒤돌아보지 않는다

등을 굽혀 달리거나, 가슴을 펴고 걷거나 비에 짖는 것은 매 한 가지다. 아무리 쓸쓸하거나 고독감에 휩싸여도 고개를 똑바로 세우고 걷는다. 이것이 이별의 미학이다. 치근대지 않는다. 끈질기게 굴지 않는다, 지나간 사랑에 매달려 있는 것은 마치 뿌리치고 뿌리쳐도 얼굴에 엉키는 거미줄과 같다. 귀찮을 뿐이다. 마음이 개운해지지 않는다. 희미하게나마 남아 있을 그이에 대한 미련은 떨쳐버리도록 노력한다. 미련을 버리지 못해 전화를 하는 것은 금물이다. 전화를 통해 들려오는 그이의 귀찮아하는 듯한 거북해하는 느낌은 당신은 더욱 상처를 입게 되고 비참해질 수밖에 없다.

그이가 나타날 듯한 다방이나 음식점도 되도록 피해야 좋을 것이다. 주위 사람들은 겉으로는 비애에 빠진 당신을 동정하는 척하지만 무의식적으로 당신의 상처를 쑤시기도 한다. 모든 생물은 남의 상처를 파헤치려는 잔인성이 있는 것이다.

마음의 상처가 아물도록 남의 눈에 보이지 않게 쉴새없이 노력을 해야 할 것이다. 이별의 미학은 참고 견딘다는 미학이기도 하다.

6

남편이라 불리는
남자의 조정법

집안에서는 남편의 체면을 세운다

서독의 탄광촌에서 노동자용의 좁은 주택을 구경할 기회가 있었다. 좁은 주택 안에 남편의 코너를 발견하였다. 완성되지 않은 파이프와 도자기로 만든 컵, 무엇을 넣는지는 모르지만 작은 가죽으로 만든 주머니, 1m될까 말까한 나무로 만든 마루판이지만 햇빛을 받아들이는 창으로부터 햇빛이 들어와 마치 배의 조타실(操舵室)과 같은 위엄이 갖추고 있었다. "누구든 손을 대서는 안돼!" 선장인 남편이 가슴을 펴고 앉아있는 모습이 눈에 보이는 듯 하였다.

남편을 비유한다면 가족이란 배를 목적지에 운반하는 선장의 구실을 하는 남자가 아닐까?

모계(母系)사회에서 부계사회로 이행(移行)한 이래 인간의 최소 단위의 집단인 가족의 열쇠는 남편이 계속해서 잡아가고 있다. 그런데 남편의 근무처가 회사라는 조직 속으로 짜여들어 가고 나면 회사에서 주어지는 자리를 본래의 자리로 착각하는 남자도 생겨나게 되었다. 그들은 가정의 조타실에서 벗어나서 가정이라는 본래의 최소의 성터를 무너뜨리기 시작한 것이다. 가정을 지키기 위해 지금 아내가 해야 할 일은 가정 안에 형태로나 마음으로나 남편의 자리를 튼튼하게 마련할 일이다. 그리고 그곳에 다시 남편을 고쳐 앉게 하는 일이 아닐까?

남편을 '처소'에서 세우는 법

■ 남편이 홀로 있을 수 있는 처소를 만든다

남편 전용의 서재가 생기면 남편의 지적(知的)생활은 어떻게 변화하는가? 어떤 보고서에 따르면

1. 독서의 양과 질이 상승한다.(전문서적에 눈을 돌리는 사람이 증가)
2. 사무 이외의 시간에도 자기에게 필요한 정보를 정리하게 된다.
3. 장래를 예측할 능력이 생긴다.
4. 정신적인 안정을 얻는다. 아내와의 갈등도 줄어든다. (자기 나름대로의 스트레스의 처리가 된다)
5. 감사장을 성의있게 쓴다. (사회적인 신용도가 상승한다)

남편 전용의 장소가 만들어지는 것만으로 이만한 변화가 생긴다. 이것은 당연한 결과다. 가령, 장래를 예측하려면 모아진 정보를 단편으로 된 것을 종합정리하여 앞으로 진로를 설계, 계획해 가는 복잡한 작업이 필요하다.

방대한 양의 정보는 심하게 변화해 간다. 그런 분류 속에서 복잡한 작업을 해내가기 위해서는 강한 집중력이 필요한 것이다. 주위의 시끄러움에서 격리되지 않으면, 강한 집중력은 생각 할

수 없을 것이다. 남편이 홀로 있을 때는 접근하는 것과 떠들지 않는 조심성이 있어야 할 것이다.

■ 의자나 방석은 가족 것보다 더 좋은 것으로

"임금의 자리에 앉으면 남자는 누구라도 임금이 된다" 이것은 서양의 속담이다. 카터도, 레이건도 기껏 주지사의 그릇인데 라는 소문이 있었으나 대통령의 자리에 앉으니 대통령답게 되었다.

훌륭한 남편, 시원찮은 남자는 처음부터 정해진 것은 아니다. 의젓하지 않으면 안 되는 처지에 놓여서 *'당신이 제일이다'*라고 치켜올려지면 결단력도 생기게 된다. 대장의 자리는 한눈에 알 수 있도록 해둔다. 방석도 의자도 가족 것보다 더 좋은 것을 마련한다. 회사도 마찬가지다. 과장보다 부장, 부장보다 중역 등 위로 올라갈수록 알맞는 의자가 기다리고 있다.

좋은 의자에 앉으면 그만큼 책임도 무거워지는 것은 남자라 면 뼈에 사무치도록 알고 있을 것이다.

어느 드라마 대사 중에 남자가 살아갈 때 *'인생의 짐이 무거우면 무거울수록 좋다'*라는 말이 있었다. 상석에 마련한 좋은 자리에 가족의 무게를 꾹 참고 견디는 것이 선장의 역할이다.

어느 지방에서는 지금도 여러 가지 형태로 남자의 위엄을 세워주고 있다. 봉건시대의 잔재라고 하는 사람도 있으나 슬기로운 남자 교육의 한 방법일 수도 있을 것이다. 남자의 제왕학(帝王學)의 일종이 되는 셈이다.

남편을 물질로 세우는 법

■ 감사의 뜻을 형태로 나타내면 기쁨은 더한다

회사에서 남성들이 대수롭지 않는 한 장의 표창장에 눈에 불을 켜는 것은 추상적인 평가의 형식으로 나타나는 탓이다. 잘 해달라는 상사의 말만으로는 안심 이 안 된다. 감사의 뜻은 형식으로 나타내어야만 진짜가 되는 것이다. 가정에서도 마찬가지다. 꽃 한 송이, 양말 한 켤레라도 가족으로부터 정성을 들여 선물을 하면 기쁜 것이다. 그것은 나중에 몇 갑절 비싸게 치이는 것인 줄 알면서도 그렇다. 생일, 어버이날, 결혼기념일, 기타……. 기회는 얼마든지 있다.

■ 남편의 '어머니 맛'을 존중한다

남편 고향의 맛, 엄마의 맛을 존중한다. 이것은 어릴 때 부터 남편의 추억을 소중하게 여기는 것이다. 부부인 탓에 다툴 때 도 있을 것이다. *"미안합니다"*라는 한 마디가 여간 말하기 어려워할 때에 아무 말 없이 엄마의 맛의 음식을 식탁에 올리면 그것만으로 화해의 신호가 된다. 아주 맛있는 요리 몇 가지의 솜씨는 비밀무기로 간직하고 있으면 좋을 것이다.

■ 남편의 몸가짐에의 관심이 그의 자신(自信)을 조장(助長)한다

특히 맞벌이부부의 출근 전은 전쟁과 같이 바쁘다. 그런데도 남편이 보는데서 그의 구두를 깨끗이 닦는다. 흉내라도 좋을 것이다. 당신의 동작에서 남편은 자기에 대한 아내의 돌봄을 느끼게 된다. 그리고 자신을 가지고 출근한다. 구두닦이나 다림질이나 남편 쪽이 훨씬 잘하는 가정이 있다. 그러나 출근 전의 이 작은 아내의 배려는 가사를 잘하고 못하고에 관계없이 남편에게는 즐거운 일이다.

■ 몸의 형편에 맞는 식사는 싸움의 에너지를 낳는다

운동선수로 활약하는 남편을 둔 아내가 있다. 그녀는 씹지 않고 먹을 수 있는 요리를 열심히 연구하고 있었다. 시합 중에 는 꼭꼭 잘 씹어 먹지만 시합이 끝나고 돌아올 때는 턱의 힘이 빠져서 씹는 힘이 부족한 탓이다. 그런 탓에 남편을 위해서 씹지않고 잘 삼킬 수 있는 음식을 만들기로 작정한 셈이다. 식사를 통해서 남편의 몸의 형편을 조절하려는 아내는 남편과 함께 운동장에서 싸우고 있는 것이다.

남편을 말로 세우는 법

■ 가끔은 최상급의 경어(敬語)를 쓴다

일요일의 오후. 뜰에서 풀을 뽑고 있는 남편에게 차(茶)를 가지고 간 내가 뒤편에서 *"여보, 차 드세요."*라고 하니 놀라서 뒤돌아본 남편의 얼굴은 즐거운 표정으로 차를 받아서 만족스럽게 마셨다. 남성이란 몇 살이 되더라도 순진한 점이 있는 것이 다. 경어의 효용은 의외로 큰 것이다.

■ 위로의 말은 급료에의 감사가 두 배로 살려진다

월급을 봉투에 넣어서 회사에서 직접 남편이 받아오던 때에는 아내는 반드시 감사의 인사를 하였다. 그런데 지금은 대개가 통장으로 입금된다. 남편은 자기 손에 만져보지 못하는 탓에 열심히 일한 보람을 느끼지 못하게 되었다. 아내는 이런 점을 감안하여 월급 날에는 약소하더라도 한 가지 요리라도 더 장만하여 한마디 인사를 하는 것도 바람직하다. *"은행에서 통지가 왔어요. 수고가 많았습니다."*라고.

■ 전화에서의 응대(應對)

　미국의 회사에서는 중역 후보자 시험에 *'아내의 전화응대 시험'*이 있다. 아무리 남편이 수완이 좋고 능력이 있어도 아내의 전화응대가 불친절하거나 서툴면 회사의 책임을 맡는 중역에는 승진하지 못한다. 다른 나라에서는 미국의 경우처럼 아내의 평가가 남편의 사회적 지위에 영향을 미치는 일이 없을지 모른다. 그러나 전화에서 얼굴도 모르는 부인이 친절하게 기분 좋게 응대해주면 전화를 건 사람도 기분좋고, 결국은 남편을 돋보이게 하는 것이다.

■ 남편 앞에서 시어머니를 칭찬한다

　남자들은 성장하면 이유도 없이 어머니의 험담을 하기 좋아 하지만 한편으로는 한 가족의 감정을 가지고 있는 것이다. 그런 탓에 어머니가 칭찬을 받으면 자기가 칭찬 받는 것 같은 기쁨을 느낀다.

　그러나 아버지는 남성에게는 대결할 만한 상대가 된다. 어떤 뜻에서는 경쟁상대도 된다. 그러므로 남자는 부친이 칭찬을 받아도 가족이라는 기쁨은 별로 느끼지 못한다. 사실이 그런가 유의해볼 일이다.

■ 남편을 대신하여 감사장을 쓴다

　작은 선물 등에도 성의있게 아내는 감사장을 쓴다. 성의있는 글씨로 감사하다는 감사장을 쓰면 부러운 가정이라는 인상을 주게된다. 남편이 스스로 감사장을 쓰는 경우보다 높은 평가를 받게 된다.

■ 설사 예능인이라도 함부로 다른 남성을 칭찬하지 않는다

남성이란 이상한 데가 있다. 생각보다 도량이 좁다. 눈앞에서 다른 남성을 너무 칭찬하는 말을 들으면 불쾌하게 느낀다. 예능인이나 정치인이나 상관없다. 자기가 멸시당하는 기분이 되고 일종의 질투심을 품게 된다. 이런 심정은 남자나 여자나 비슷하다.

남편을 표정으로 세우는 법

■ 맞장구는 긍정·부정을 틀리지 않도록

남편이 자기의 지식을 얘기할 때는 감동했다는 표정으로 들어야 할 것이다. 다 알고 있는 걸. 또 뭘 대수롭지 않은 것 가지고 하는 눈치를 보이거나 말을 하면 자칫하다간 다투게도 된다.

부정과 긍정의 맞장구를 잘 치면 대화는 월할하게 진행된다.

*"나는 이제 다 틀렸지?"*에 대해 *"그럴리 없어요. 아직은 멀었어요."* 라고 하면 부정이다.

"큰놈보다 작은놈이 더 튼튼하지." *"그래요."* 이것은 긍정이다.

만일 반대로 맞장구를 치면 부부간의 사이는 벌어지지 않을 수 없다. 어디까지나 남편의 의견을 존중하도록 평소에 힘쓰면서도 가부가 분명한 것을 잘못 판결했을 때는 자기 의견을 말하는 것이 좋을 것이다.

■ 남편 앞에서 턱을 내밀고 말하지 않는다

턱을 내밀면 상대는 공격받았다고 느끼게 된다.

가령 주방에서 남편의 의견을 물으려할 때 "당신 스프를 뜨겁게 할까요."라고 말을 할 때, 잘못하다간 턱을 내밀게 되기 쉽다. 당신의 내심은 그런 생각이 전연 없지만 듣는 편에서는 퉁명스럽게 들리니 조심해야 할 것이다.

■ 시선(視線)을 보내는 곳을 남편을 최우선으로 한다

아내를 둘러싸고 남편과 아이들은 일종의 경쟁 상대자가 된다. 남편이 아이들에게 질투심을 느끼는 일은 흔히 있는 일이다. "가장 소중한 사람은 당신이에요."이런 신호를 눈매로 항상 발송한다.

■ 부부사이라도 인사는 항상 웃는 낯으로

아침에 "안녕"이나, 출근 때의 "잘 다녀오세요" 퇴근 때에 "어서오세요"등 인사는 반드시 웃는 얼굴로 해야 한다. 그것만으로 남편의 몸을 흐르고 있는 호르몬의 분비량은 변할 것이다. 마음을 상쾌하게 하는 도파민이 듬뿍 나오는 탓에 에너지의 재 생산으로 연결된다. 아내인 당신의 작은 표정 하나로, 남편의 기분이 밝고 적극적으로 된다면 계속해볼 만한 일이 아닐까?

남편을 동작으로 세우는 법

■ 물건을 소중하게 여기는 손놀림을 보인다

의류나 가구, 식기류나 무엇이든 남편 앞에서는 마구잡이로 취급하지 말 것. 물건을 소중하게 다루는 당신의 손놀림을 보고 남편은 *"자기가 일해서 벌어온 돈을 소중하게 쓰고 있구나."* 하고 믿게 되는 것이다. 그런고로 설사 썩은 음식물이나 너무 타버린 고기를 버릴 때에도 남편 보는 앞에서 쓰레기통에 버려서는 안 된다. 반드시 보이지 않을 때 처분하도록 조심해야한다.

■ 남편이 돌아오면 요리하면 불을 끄고서라도 나가서 맞이해야 한다

*"돌아오셨어요."*며 일하던 손을 멈추지 않고 먼 곳에서 소리만 내는 아내가 흔히있다. 사물에는 절도가 중요하다.

가령, 튀김요리를 하고 있을 때라도 일단 불을 끄고, 현관 앞 까지 나가서 맞이해야 하는 것을 우선으로 해야 할 것이다. 튀김요리보다 남편이 더 소중한 탓이다.

튀기는 것이 못쓰게 되더라도 대수로운 일은 아니다. 표면이 굳어졌거나 혹 잘못 튀겨졌다면 다른 요리로 이용할 수도 있지 않은가? 아내는 남편을 위해서 음식을 만드는 것이고, 남편은 요리만 먹기 위하여 집에 돌아오는 것은 아닐 것이다.

■ 남편의 일에는 아내의 아침 리듬이 영향을 준다

"아내의 몸 건강이 나쁜 것은 아닌가?" 회사의 사원들이 근무 하는 태도를 보고 있으면 은근히 느끼게 된다. 아내의 감기 기운으로 아침 동작이 느리고 밝지 못한 표정으로 *"일찍 돌아오세요."* 라고 한다면 남편의 리듬이 흐트러지게 된다. 회사에 출근해서도 능률이 오르지 않는다. 퇴근할 때까지 그 리듬이 계속하게 마련이다.

근무자에게는 아침의 리듬잡기가 하루의 승패를 좌우한다.

설령, 건강상태가 좀 나쁠지라도 아내는 평소의 리듬을 살려서 남편을 직장으로 출근하게 할 책임이 있다.

■ 남편의 지인(知人)앞에서는 남편보다 한걸음 낮게 선다

가령, 남편과 함께 거리로 나갔을 경우 생각지도 못한 남편의 동료를 만날 때가 있다. 이럴 때는 남편보다 한걸음 물러서는 것이 예의다. 그렇게까지 할 필요가 어디 있는가라고 생각하는 요즘처럼 예의가 바로 실행되어지지 않을 때일수록 아내의 태도는 돋보이게 된다.

"저분의 아내는 예의바른 분이군!" 아마 내심 감동도 하고 동료들 사이에 소문이 퍼질 것이다.

남편을 순서로 세우는 법

■ 남편의 우위성(優位性)을 순서로 나타낸다

식사 때 요리를 놓는 순서, 뜨는 순서, 목욕의 순서, 화장실을 사용하는 순서 등에서 가족이 한꺼번에 사용할 수 없을 때 가능한한 남편을 먼저하게 한다. 사람은 본능적으로 자기의 우위성을 순서에 연관시키기를 좋아한다.

그것을 깊이 느낀 일이 있었다.

어느 회사 사장의 식사 초대를 받은 일이 있었다. 창밖의 경치가 아름다워 잘 보이는 자리에 앉기로 하였다. 내가 원해서 앉은 자리다. 요리가 배달되고 요리를 운반하는 아르바이트 학생은 우선 상좌부터 놓기 시작한다. 상좌에 앉았던 초대한 주인은 *"오늘 손님은 저쪽 분이다. 저쪽부터……"* 그러나 사정을 모르는 아르바이트 학생은 역시 상좌쪽으로 요리를 갖다 놓는다.

몇 차례나 역시 반복한다. 내심 그냥 내버려두면 좋을 것인데라고 여겼지만 사장은 번번히 고쳐서 놓게 하였다. 사장은 순서를 지켜야만 손님대접에 결례가 안 된다고 여긴 모양이다.

사장의 그런 태도는 결코 불쾌하지 않고 좋은 대접을 받았다는 만족감도 느낄 수 있었다.

가정에서는 모든 면을 남편의 순번으로 먼저해야 한다.

남편을 '밤의 생활'로 세우는 법

■ 남편이 잘 안 될 때야말로 유순하게 대한다

"당신은 틀렸어요."라는 한 마디로 불능이 되어버리는 남성도 있다. 애를 쓰고 도전하여도 잘 되지 않을 때, 말로나 행동으로 나타내서는 안 된다. 휙 돌아누워 자버리는 그런 매정스런 태도는 금물이다. 다른 때보다 더 유순하게 감싸주며 남편의 마음을 상처받지 않도록 노력해야 할 것이다.

보란 듯이 그런 종류의 기사를 펴놓지 않는다

30대에는 통계된 자료를 그대로 참고해서는 안 된다. 각인, 각색, 백인 백태이다. 나와 나이 같을 수는 없다. '실신(失神)할 것 같은' '정신이 아찔하게'등등 이런 표현은 모두가 거의 픽션이다. 모두에게 해당되는 사실이 아니다. 많은 여성이 절정감이라는 교묘한 연극을 하고 있는 것이다. 안 되는 것, 나에게는 없는 것을 탐내는 일은 불행한 일이다. 신문이나 방송의 선전과 광고에 희롱당하지 않고, 남편과 당신의 두 사람만의 관계를 구축해 나가야 할 것이다.

이것은 사실 남편을 위한 것이 아니라 아내를 위한 생활술이기도 하다.

남편을 무시하과 무안하게 몰아붙이면 당신 마음도 슬퍼지고, 가정의 분위기도 항상 음울해지게 되고 말 것이다.

「섹스만이 전부라고 여기고 있었는데」라고는 입이 찢어져도 말 안하겠다

남편의 체면을 세우고 위엄을 살리는 것이 도리어 아내의 권위와 체면을 세워지게 되는 길이기도 하다. 밑천 안들이고 넉넉하게 되는 일이 있다면 노력해 볼만한 일이 아닐까?

재혼한 남편과의 오감대응술(五感對應術)

'안 듣는 것이 꽃'듣는 것은 사도(邪道)이다
"여보, 전 부인 미인이었어?"
"아니야, 당신이 더 미인이야."
"전 부인 얌전한 사람이었어?"
"아니, 당신이 더 얌전해."

시시콜콜 전 부인의 일을 남편에게 질문하려는 사람이 있다. 후처로서는 내심을 알고 싶은 것도 사실일 것이다. 남편도 눈치를 채고 후처의 마음이 상하지 않게 적당히 얼버무리는 대답을 할 수 밖에 없을 것이다. 그러나 남편의 얼버무리는 대답에 불만을 갖고.

"전 부인일지라도 무엇이나 한 가지 정도는 나보다 더 좋은 점이 있지 않겠어요." *"그것은 깨끗하게 하기를 좋아했지."* 그러나 이런 대답을 한 남편은 후회를 하듯 *"그러나 너무 신경질이었어."*라고 변명을 하게 된다. 후처가 혹시 깨끗하게 하지 않는다고 빗대어 하는 말처럼 오해할까 걱정이 되어서일 것이다. 후처가 된 아내는 항상 남편이 전 부인과 비교해서 점수가 모자랄까하여 안심이 안 될 것이다. 그러한 심정은 기회 있을 때마다 남편의 심중을 떠보고 싶어진다. 이런 불안한 심사는 가끔 오해도 낳고 언쟁을 낳게 마련

일 것이다. 익숙해지는 세월이 흐르면 차츰 하고싶은 말도 서슴 없이 튀어나오기 마련일 것이다.

"당신은 왜 그리 칠칠하지 못해요. 깔끔하게 좀 정리를 못해요?" 남 편의 말에 "네, 그래요. 전 부인은 깔끔했지만 저는 그렇지 못해 미안해 요." 두 사람 사이에 거북한 분위기가 이어지게 될 때가 잦아진다. 듣지 않아야 할 것을 캐묻는 것은 손해가 될 뿐이며 득이 되는 것 은 아니다. 듣지 않는 것이 꽃이란 이런 것 을 말하는 것이리라.

■ 전처의 식사가 입에 맞는 것도 잠시 동안이다

재혼처가 가장 염려하는 것은 남편의 식사다. 요리솜씨에 자신 이 없는 한 "전처가 훨씬 맛있는 요리로 대접하지 않았을까?"라고 신 경을 쓰게 된다.

처음은 새로 먹는 음식이라서 양념이나 요리방법도 새로워져 서 즐겨 먹었으나 어느 정도 세월이 지나면 음식이 기억으로 되 살아나게 마련이다. 양념을 쓰는 법, 재료를 장만하는 법, 심지어 그릇에 담는 법 등 세세한 부분까지 전처의 솜씨를 따르게 된다.

남편이 초혼이라면 안심하고 짜다든지, 싱겁다든지, 마음놓고 말 할 수 있으나, 재혼사이라면 그렇게 안 된다. 후처에게 미안하 게 생각하면서 식욕이 떨어지고 자연 외식이 잦아진다.

이렇게 되면 아내의 고민은 심해진다. 집에서 식사를 하지 않게 된 남편에게 "전 부인에게 돌아가요."하며 울면서 호소한 후처가 있기도 하였다.

그러나 이런 것에 구애 받아서는 안 된다. 노력하는데 따라 식성도 바뀌게 마련이다.

남편의 미각은 아내의 미각으로 돌아오게 마련이다. 남자의 미각은 연어의 귀천(歸川) 본능 같은 것이 있다. 아내의 맛은 한 때의 맛, 어머니의 맛이 진짜의 맛이다. 남편의 입맛을 맞추자면 결국은 고향 어머니의 맛을 아는 것이 첩경일 것이다.

■ 거칠게 다투면 남편도 아이도 적으로 만든다

장사를 하며 열심히 일하던 부인이 두 아이를 남긴 채, 암으로 세상을 떠났다. 아내가 쓰던 물건은 거의 처분해 버리고 재혼을 하였다. 점포에는 헌 주판이 있었다. 알도 빠지고 헌 것이라서 새로 들어온 아내는 별 생각없이 *"이것은 낡고 알도 빠졌군요. 버려도 좋지요?"*하면서 내던져 버렸다. 계산기도 있었고, 낡은 주판은 쓸데없다고 생각한 탓이다. 그런데 남편은 안색을 바꾸며 성을 와락내었다. *"주판에 손대지 마."* 아내는 깜짝 놀라 멈칫했다. 그 때 초등학교 4학년인 아이가 들어와 *"이거 엄마거야."*하였다. 사정을 알게 된 후처는 주판을 다시 주어 깨끗하게 닦으면서 *"그것도 모르고 잘못했어요."*라며 마치 주판에게 말하듯 하며 *"나도 이것을 배울까?"* *"엄마가 쓰던것이므로 질이나서 매끄러워요."*아이의 말이었다.

그 이후 아이들이 집에 돌아오면 서툰 솜씨로 주판을 튀기고 있는 새엄마의 모습을 자주 보게 되었다. 아이들도 흐뭇하게 생각하게 되었다.

남편에게도, 아이들에게도 죽은 아내의 기억은 마음 속에 미화(美花)되어 있기 마련이다. 그분이 가지고 있었던 것을 소홀히 취급하면 아름다운 추억을 짓밟히는 느낌을 갖게 된다. 소중하게 취급하면 귀한 추억을 공유(共有)한 기쁨을 맛보게 된다.

7

내 아들의 오감(五感) 교육법

소중하게 해야 할 부모 자식간의 오감대화(五感對話)

두뇌라는 매우 복잡한 기구를 가진, 초고성능 컴퓨터인 인간도 태어난 시점에서는 그 능력은 백지에 가까운 상태이다. 거기에 우선 부모가 오감을 전부 써서 밑그림을 그리기 시작한다. 유치원에 다니기 시작할 때가 되면 그리는 손의 수는 점점 늘어간다. 친구·선생님·TV·그림책·개·고양이·원색······.

기타 환경의 모든 것이 붓을 가지고 아이의 머릿속에 그려 넣고있다. 두뇌 컴퓨터에의 입력은 맹렬한 세력으로 행해지고 있게된다. 이 인력의 우선권은 사춘기경 까지는 부모에게 있으나, 그 이후는 아이들에게 거절당할 수도 있을 것이다. 협조 하거나, 대립하거나 그러면서 아이가 반려를 발견하여 독립할 때까지는 부모의 인력은 계속된다.

한편 어버이가 되기 전의 인간의 두뇌는 이미 절반 정도는 입력되어 있고 그 뒤는 태어나는 아이의 손에 의해 그려넣어 지기를 기다리고 있는 것이다. 우는 소리·웃는 소리·장난·반항·병·상처입는 것 등등······. 아이와 관련하는 모든 것이 부모에게는 귀중한 정보가 된다.

부모의 오감은 잘 연마되어 아이의 입력을 파악한다. 다음 세대를 맡길 아이들에게 계승해 주는 것 뿐 아니라 부모 자기 자신의 완성을 위해, 아이들로부터 많은 정보를 얻는 것이다. 이것은 긴 역사동안 계속 계승되어 온 부모 자식 관계라 하겠다.

접촉한다↔접촉당한다

■ 끌어안고, 만지는 것으로 서로 통하는 모자(母子)의 마음

한 때 TV의 선전광고에 청소기의 흡진력(吸盡力) 테스트라는 것을 했었다. 잡지를 4~5권 묶어서 청소기로 빨아올리며 "올라갑니다. 올라갑니다."하면서 들어올리는 광고였다. 이 광고 일로 한 동안 여러 곳을 돌아다녀 1년의 거의 대부분을 집을 비우고 다녔다.

아이의 마음이 나를 떠나 반발까지 하게 되었다. 엄마인 나를 부정하는 것으로 어린 마음의 쓸쓸함을 잊어버리려고 하였다. 선물을 사가지고 돌아왔으나 힐끗 한번 볼 뿐이고, 만져보려고도 안했다. 마음이 아프고 어쩔 줄을 몰라서 어느 친구에게 물어보기로 하였다.

"당신은 너무나 심한 엄만가요? 아이들이란 접촉하거나 접촉 당하면서 키우는 것이에요. 도망을 치거나 피해 가더라도 붙잡아서라도 끌어안아 주세요. 그렇게 하면 당신의 마음도, 아이의 마음도 통할 것입니다." 한 동안은 매우 힘이 들었다. 내가 끌어안으려고 하면, 아이는 몸을 비틀고 도망간다. 다시 쫓아가 서 붙잡으면 손발을 버둥거리며 도망가려고 몸부림을 치고 소리를 지르곤 하였다. 억지로 끌어안으면 *"엄마 돌아왔어."*

그런데 어느 날 아이의 힘이 쑥 빠지더니, 몸을 찰싹 나에게 안기었다. 그리고 큰 소리로 엉엉 울기 시작하였다. "쓸쓸했단 말이야. 쓸쓸해서 죽을 뻔 했어." 그때 나는 비로소 이것이 부모 자식 간의 교류구나 하고 깨닫게 되었다. 그 후 일주일이나 열흘에 한 번 꼴로 돌아오지 않는 엄마를 현관까지 나와 기다려 불쑥 뛰어와서 안기며, 무슨 냄새라도 맡으려는 얼굴을 하면서 안심하고 눈을 감았다.

■ 서로 접촉하는 것으로 자신의 건전한 모성도 자란다

어릴 때는 안아주는 버릇같은 것은 걱정하지 말고 얼마든지 안아주거나 업어주어도 좋다. 어린아이의 영혼을 성장시키고 정서가 안정된 아이로 키우자면 어머니의 몸전체로 받아들여주는 것이 매우 중요하다. '기분이 좋구나.'라는 피부의 접촉에 의한 쾌감이 모자의 애정을 키워나간다.

아이가 접촉해 줄 때는 모친도 그 감촉을 마음껏 즐길 것이다.

모유로 아이를 길러본 경험이 있는 사람이라면 알고 있을 것이다. 어린아이는 젖을 먹으면서 작은 손으로 어머니의 앞가슴 을 톡톡 두드린다.

어머니는 간지러운 것 같은 무어라 말할 수 없는 유쾌한 감각,

이 감각이 젖을 문지르는 것과 같은 작용을 하여 모유가 잘 나오게 한다고 의사도 말하고 있다. 젖꼭지를 빨리는 것도 모친에게는 큰 쾌감이다. 이것은 성적인 자극이 되어 자궁을 수축시킨다. 사실 이것이 산후의 모체 회복에 크게 도움이 되는 것 같다. 아이에게 젖을 빨려보면 산후의 회복도 빨라진다.

아이가 걷기 시작하면 이번에는 모친의 허리에 매달리게 된다. 스커트를 끌어당기거나, 그 속에 숨기도 하는 것이 모성본능을 자극한다는 것이다. "안돼."하고 꾸짖어도 어머니로서, 여성으로서의 기쁨을 느끼며, 자연스레 모성본능이 높아져가는 것이다. 접촉하거나 접촉당하는 대화에는 아이도 모친도 함께 기분이 좋아지는 상이 많이 준비되어 있는 것이다.

듣게 한다↔듣는다

■ 어머니의 말은 어린아이의 영혼의 자양분

　어머니의 뱃속에서 들으면, 심장의 고동은 열차가 시속100㎞를 훨씬 초과하여 달릴 때의 소리가 들린다는 것이다. 뱃속에서 들리는 이런 소리를 자장가 대신 듣고 자란 아기는 태어나서도 어머니의 가슴에 안겨서 심장의 고동을 들으면 안심하고 잠을 잔다.

　이런 현상은 동물도 마찬가지다. 얻어온 강아지가 낑낑거리면서 밤에 자지 못할 때는 따뜻한 물탱크나 똑딱똑딱 시계소리가 나는 물건을 곁에 두어준다. 따뜻한 물탱크는 어미 개의 체온으로 삼고 똑딱거리는 시계 소리는 어미개의 심장의 고동소리 대신으로 생각하여 안심하고 조용히 자게 된다. 어머니가 다정하게 소근거리는 소리도, 아기의 마음을 안정시켜 정서나 지능의 발육을 촉진시킨다. 태어나서 얼마 안 된 아기는 물론 말의 뜻은 이해하지 못하지만 소리의 느낌으로 사랑을 받고 있는가, 꾸중을 하고 있는가의 정도는 잘 알고 있다고 한다.

　"착하게 잘 자라야지" "어서 많이 먹고 쑥쑥 자라거라" "엄마 왔다. 잘 잤니?" 이런 모친의 말은 성장도 빠르고, 말을 하게 될 나이가

되면 어휘도 풍부해진다.

나무도 물을 줄 때에 말을 건네면 잘 큰다하니(식물학자의 연구 발표) 당연한 일이라 하겠다.

■ 아기의 우는 소리로 어머니의 청각이 개발된다.

사실 내가 엄마가 되었을 때 아주 무서웠던 경험이 한가지 있다. *"나와 같은 심한 음치라도 아기의 울음소리를 알고 들을 수 있을까?"* 시어머니는 "무슨 그런 바보같은 소리를 하느냐. 하느님은 엄마가 아기를 잘 키울 수 있는 능력을 주었단다."

다른 엄마에 비하면 매우 둔한 편이 아니었나 짐작하지만, 2주일이 지나서 우는 소리를 듣고, 겨우 알게 되었다. 배가 고플 때는 약한 소리도 입술로 움직인다. 어리광을 부릴 때는 숨이 막히는 듯하게 운다. 성이 났을 때는 배를 치켜올리며 발을 버티면서 얼굴을 붉혀서 운다. 그리고 아기 우는 소리를 열심히 듣고 있는 사이에 자신이 소리내는 방법도 알게 되었다. 가령, 높은 소리를 내자면 목구멍 뒤에서 머리에 걸쳐서 울리도록 한다. 낮은 소리라면 가슴 쪽으로 울리게 한다. 보통 사람은 이런 것은 무의식적으로 할 수 있는 일이지만 나에게는 어려웠다. *"높은 소리를 내봐."*라 해도 낮은 소리가 나와버리고마는 매우 심한 음치였었다. 음치가 어느정도 고쳐지면 방향감각도 잘 되어졌다. 전 보다 헤매지 않고 목적지에 갈 수 있다.

*"어머니가 되면 귀의 감각이 예민해진다."*라는 말은 정말이다.

귀의 훈련이 아기가 크게 자랄 때까지 무사히 키워나가게 된다. 엄마의 감각을 길러주는지도 모른다.

위험에서 아이를 지키기 위해 귀를 잘 닦아서 아주 옛날의 모성의 야성이 갑자기 나에게로 눈뜨게 해준 것 같은 생각이 든다. 현대에도 모친은 야성이 일깨워지지 않으면 아기를 지켜 가지 못할지 모른다.

냄새를 맡는다 ↔ 냄새를 맡게 한다

■ 냄새는 모자사이의 계약서

어느 소아과 여의사가 쓴 칼럼에 이런 기사가 있었다. '13명의 출산 직후의 어머니에게 우선 아기를 안겨준다. 그 후에 눈가리개를 하고 나서 자기 아기를 분간 해보게 하였다. 모두 틀림없이 자기 아기를 가려내었다. 숨소리와 냄새로 알게 되었다고 한다. 아버지에게도 똑같은 실험을 해보았으나 이쪽은 전연 알아내지 못하였다.' 미국의 어느 병원에서의 연구결과였다.

모자간의 사이의 끈은 이처럼 강한 것이다. 아기의 대변 냄새로 아이가 감기에 걸렸는지 아닌지를 알게 될 때도 있다. 세상에 알려진 미인이라도 대변 냄새를 아무 거부감 없이 맡는다니 모성애의 지극함이 충분히 느껴진다. 그 미인이 유명한 배우이거나 정치가일지라도 역시 같은 행동을 서슴없이 할 것이다. 어머니는 그만큼 신성한 것이며, 지고하다.

아기의 그 달콤한 냄새나 오줌, 대변의 냄새도 엄마에게는 좋은 냄새로 지각이 된다. 그런 탓에 기저귀를 갈아줄 때도 무의식적으로 배설물의 냄새를 맡는다. "오늘은 좀 냄새가 이상한데?" 자연히 아기의 건강을 예측한다. 주의 깊게 아기의 냄새를 맡는 것으로 어머니의 후각은 예민해지고 아기의 건강상태를 미리 아는 능력을 갖추게 된다.

　한편으로는 아기도 엄마의 체취를 맡고 싶으나, 옷이나 화장품의 강한 냄새로 방해를 받아 여간해서 엄마의 참 냄새가 맡아지지 못한다. 우유로 기를 때도 적어도 하루 한 번 정도의 목욕을 시킬 때는 모친의 피부에 직접 접촉하게 하여 엄마의 냄새를 맡도록 해주어야 할 것이다.

　어머니가 되었을 때는 아기가 냄새를 맡는데 방해가 되는 것은 하지 말아야 할 것이다. 여류 피아니스트는 한시도 담배를 피우지 않는 시간이 없었다. 그런데 아기를 출산한 후에는 담배를 뚝 끊어버렸다. 담배 냄새도 안 좋지만 앞으로 아기의 호흡기 계통의 병에 걸리지나 않을까 걱정을 해서였다. 옛날의 세도가의 자손들이 대개가 병약하여 일찍 죽어간 것은 유모나 하녀들의 화장품에 포함되어 있던 연독(煙毒)의 해독에서였다고 전해오고 있다.

　아기는 어른들의 애완동물이나 장난감 정도의 생각으로 다루어서는 절대로 안 된다. 아기는 아기대로 하나의 귀한 생명체이다.

보인다↔본다

■ 언제나 웃는 것만으로 어머니의 구실의 절반은 해낸다

아무것도 모를 아기가 방긋거린다. 자는 것도 아니다. 마치 천사가 와서 얼리고 있기나 하듯 방긋거리기를 자주한다. 이것은 단순한 생리적인 반응으로 무슨 뜻이 있는 것이 아닌지도 모른다.

그러나 어머니는 기뻐서 언제까지 들여다보게 된다. 얼마나 귀여운가, 자지 않을 때는 이 귀여운 아기의 웃는 얼굴을 보려고 얼리거나 뺨을 비비거나 한다.

그러다가 엄마의 얼굴을 익히고 나면 방긋 웃는다. 아기 편에서도 똑똑하게 정다운 표정을 하는 것에 이끌려 즐거운 마음으로 기저귀도 갈아주고 젖도 물리게 된다. 아기를 돌보는 것이 무엇과도 바꿀 수 없는 즐거움이 되는 것이다.

■ 웃는 얼굴의 교류는 좋은 인간관계를 만드는 기초 작업이다.

웃는 얼굴은 어른이 되어도 양호(良好)한 인간관계를 구축하는 기초이다. 입사시험에서도 동점자가 나오면 웃는 얼굴이 좋은 사람부터 채용하는 일류기업이 있다. 그러나 세상에는 웃을 수 없는 인간도 있다. 자기 자신은 방긋방긋 웃고 싶은데 그것이 되지 않는다. 왜 그럴까?

웃는 얼굴은 배워야 한다.

아기는 모두 웃는 기초는 가지고 있다. 그러나 어떤 때 어떻게 웃는가?

인간관계 사이를 살리는 고등기술은 어머니의 웃는 얼굴을 보면서 성숙해 가는 것이다. 만일 어머니가 웃는 얼굴을 보지 않으면 웃지 못하는 아이로 성장해 버린다. 웃음에 한정되지 않고 표정이란 것은 아이가 독립할 때까지 어머니한테 배워서 성숙해진다. 모자의 표정이 닮아지는 것은 당연한 일이다.

아이의 정서는 어머니의 웃는 얼굴로 길러진다. 옛날부터 전해지는 이 말이 알만하다고 긍정이 된다.

어느 대학교수가 쓴 글에서 '목표를 향해 노력하는 의욕을 가지게 하는 것에는 도파민이 관여하고 있다'고 하였다.

어머니의 웃는 얼굴을 보면 혹은 아기의 웃는 얼굴을 보면, 아기에게도 엄마에게도 쾌감 호르몬의 도파민이 나오게 된다. 그런 탓에 어머니는 수고를 아끼지 않고 성심 성의껏 아기의 뒷바라지를 하게 된다. 그리고 혼자서는 아무것도 못하는 아기는 생

명의 젖줄인 어머니와 교류하도록 애를 쓴다. 여하간 어머니는
자주자주 아기에게 웃어주어야 한다. 귀여운 보답도 틀림없이 있
을 것이다.

식사는 어버이로부터
아이에의 귀중한 메시지

■ 음식을 놓는 순서를 잘못하면 가정의 질서가 무너진다

원숭이 무리 중에는 두목이 있어서 식사를 할 때는 반드시 두목이 먼저 먹고 난 뒤에 다른 원숭이가 먹게 된다. 원인이 무엇이든 이 질서가 무너지면 이 원숭이의 무리는 통솔이 안되고 혼란 상태로 빠진다. 결국 두목 원숭이는 식사를 먼저 하는 것으로 "내가 두목이다. 내말을 따라야만 너희들이 안전하게 살 수 있다"라는 의사표시를 하고 있는 것이다. 다른 원숭이들도

납득하고 그의 권위에 따르고 있으니, 통솔이 잘되어 평화스런 생활을 해 나갈 수 있다.

인간사회도 같은 이치가 통하는 것이다. 요즘의 어머니는 현 실적으로 변해서인지 남편과 아기를 저울질 한다. 어느 쪽이 자기의 장래를 보증해 줄 것인가? 남편의 장래는 앞이 보이지만 아이 쪽은 설사 공부는 좀 못하더라도 독려만 한다면 아직은 많이 자라날 것이다. 미래는 희망이 있다. 저울의 추는 아이 쪽으로 기운다. 아이의 미래에 모든 것을 걸기로 한다. 심중의 기대는 동작으로 나타난다. 은연중에 남편보다 아이를 우선으로 하 게 된다, 남편과 아이가 함께 식탁에 앉으면 아이 쪽에 먼저 먹 올 것을 가져

다 놓고, 맛있는 것도 아이 쪽으로 가깝게 놓아준 다. 아이는 무의식중에 아빠보다 자기가 더 귀여움을 받고 있다고 여기게 되고, 자존심도 늘어간다.

그러다가 사춘기에 접어들 제2반항기에 이르면 체력에도 자신이 생긴다.

마음에 들지 않는 것이 있으면 차츰 반항하게 되고, 부모의 권고나 나무람을 귀담아 들으려고도 안 하게 된다. 결국 폭력이나 비행이란 모습으로 나타나게 마련이다. TV등에 '부모에게 폭력을 휘두른 청소년' 특집에서 어느 중년 주부가 코멘트를 하였다.

"음식이나 무엇이나 아이를 우선하였고 맛있는 것은 아이를 더 먹게 했었다. 그런 행동이 나빴었는지 모른다." 시청자들은 별로 귀담아 듣지 않았을 것이지만, 매우 중요한 뜻이 담긴 발언이라 생각된다. 질서가 잡히지 않으면 가정의 통솔은 불가능하게 되는 것은 당연한 일이 아닐 수 없다.

■ 식사 중에 잔소리를 하면 아이의 적의(敵意)를 사게 된다

나는 식사 시간을 골라서 아이에게 잔소리를 하였다. 곁에서 듣고 계시던 시어머니가 어느 때 일어나 나에게 손짓을 하였다. 뜰에 내려서니 "그 공을 집어들어 보라."고 하셨다. 마침 개가 먹이를 먹고 있을 때였다. 시어머니의 지시대로 하자 평소에는 유순

하던 개가 어르렁 거리며 덤벼들었다.

"어떤 동물이라도 먹이를 먹고 있을 때, 손을 놀리면 성을 낸다. 아이도 마찬가지다. 상대가 적의를 가지고 있을 대 아무리 주의를 하여도 잘 받아들이지 않는 법이다." 시어머니의 말씀은 나를 정신 차리게 하였다.

아이였을 때, 나는 어머니와 함께 식사하는 것이 싫었다. 치과 의사를 하던 어머니는 일에 쫓기어, 나와 조용히 이야기할 틈이 없었다. 그래서 자연히 식사 시간을 이용하여 주의사항을 모아서 말하는 탓이다. 머리도 입도 회전이 빠른 어머니는 마치 기관 총처럼 나에게 주문을 하였다. 지시한 것을 잘 처리해 놓지 않으면 뒤에 꾸중을 듣게 되므로 나는 밥을 천천히 먹을 틈도 없이 대충대충 씹으며 귀에 신경을 모으고 있었다. 그런 탓인지는 모르나 소화가 잘 되지 않는 허약한 아이가 된 셈이다.

아버지와 사이가 나빠져서 거의 여자 혼자 힘으로 나를 길러주신 어머니께 큰 은혜를 입어 감사하고 있다. 그러나 가끔은 까닭도 없이 적의와 비슷한 감정이 문득문득 일어났었다. 왜 그럴까? 시어머니의 말씀으로 그 이유를 알게 되었다.

나의 마음 속에는 식사 때, 언제나 잔소리를 하는 어머니에 대해 적의와 같은 감정이 형성되어 있었다. 나 자신도 어머니 와 같은 잘못을 지지르고 있었던 것이다.

접촉의 교류(交流)와 접촉의 금기(禁忌)

■ 아이의 나이에 맞는 접촉을

꾸짖을 때는 그 아이의 몸에 피부를 접촉하면서 꾸짖는 방법이 좋다. 작은 아이라면 머리나 어깨에 손을 얹고 혹은 아이의 두 손을 잡는 등 피부의 접촉에 의해 아이의 마음을 안정시키고 부모의 애정을 확인할 수 있다. 그러므로 좀 심하게 질책당하여도 자기가 저지른 나쁜 짓에 대해 질책을 받는다는 것을 깨닫게 되며, 결코 미워해서 꾸짖는 것이 아니라는 것을 느끼게 된다. 그리고 부모의 질책도 순순히 받아들인다.

자기 자신아 부정되었다고 느낄 때는 아무리 어린아이의 마음에도 부모에의 반발심이 일어나게 된다. 반발심이 일어나면 한 말이 들릴 턱이 없다. 남자아이나 여자아이나 마찬가지다. 심하게 질책할 때는 반드시 아이 몸에 접촉해야 한다. 그러나 변성기를 지낸 남자 아이의 경우는 어머니라 할지라도 이성(異性)이라서 주의가 요망된다. 이성에 접촉되면 남자는 성적(性的) 반응을 보인다. 그리되면 이야기 내용보다 자기 몸의 반응 편에 정신이 쏠리게 되어 버린다. 이런 경우는 악수를 활용하면 좋을 것이다.

잔소리나 질책한 뒤에 어머니 편에서 손을 내밀어 악수를 청한다. '이후는 잘 지키도록 한다'라고 하는 접촉의 교류이다.

나는 가끔 아들에 대해 이 악수의 교류를 행사한다. 대학 입학시험에도 이용하였다. 현관에서 보내면서 악수를 하고 떠나보냈다. 엄마 손의 따뜻한 온기가 아이의 마음을 안정시켜 줄 것을 마음 속으로 빌면서, 아들은 뒤에 이런 말을 하였다. "어머니는 내가 대학에 입학되기를 간절히 바라고 있구나'라고 느꼈습니다."라고. 어머니의 악수하는 손의 따뜻한 온기는 아이들 가슴까지 따뜻하게 스며들게 하는 것이다.

■ 부모가 아이들을 괴롭히는 것을 즐기게 되면 위험하다

어느 시인이 "인간이란 고문(拷問)을 즐기는 동물이다. 절대 적인 우위(優位)에 있거나하면 제한 없이 잔학(殘虐)하게 된다. 그리고 그것을 즐기게 된다"하였다. 부모도 역시 인간이다. 마음 어느 구석에는 귀신이 도사리고 있다. 아이의 장래를 위해서라는 대의명분에 숨어서 아이들을 괴롭히는 것에 은근히 즐거움을 느끼려는 인간도 없으라는 법도 없다.

어느 유명한 음악가의 이웃에 살고 있는 친구가 나에게 알려준 말이 있다. "그 음악가는 자기 자식에게 심한 징계를 한다. 날마다 울부짖는 아이의 비명을 듣는 것은 견디기 어려웠다. 몇 번이나 말리기 위해 들어갔으나 벨트를 손에 쥔 험한 형상으로 음악가에게 쫓겨나서 어쩔 수 없어."

"내 방침이니 상관 말아요. 내 자식을 길들이기 위한 일이니 돌아가시오."하는 말에 더이상 접근하기가 어렵다는 것이다.

단지 아이의 과실이나 잘못을 발견해서 질책하는 것이 아니란다. 밖에서 기분 나빴던 일이 있었거나, 별거하는 부인이 생각날 때마다 아이들에게 분풀이를 하는 격이라는 것이었다. 음악가는 역시 보통사람보다 신경이 예민한 편이라서 성격적으로도 원인은 있을 것이다.

보이는 것은 버릇들이게 하는 것과 같다.

■ TV가 아이를 지배한다

요즘은 학교 선생님의 조건도 변하였다. 좋은 선생님이란 첫째, 15분 간격으로 화제(話題)를 바꾼다. 둘째, 소리가 크다. 셋째, 손짓이나 몸짓이 크고 표현력이 풍부하다. 그 이유는 TV의 영향력이다. 태어나면서 TV에 붙어 있는 아이들에게는 바로 TV인간이 되어 버린 것 같다.

계획된 화려한 몸짓, 손짓을 보아온 눈, 더욱 더 볼륨을 높혀서 큰 소리에 마비된 청각, 15분 간격으로 광고 선전으로 잘려진 집중력 아이들을 수업에 끌어당기자면 선생이 TV식으로 연구하지 않으면 아이들의 주의나 집중력을 끌어당기기 어렵다. 사람의 주의와 관심을 끌어당기는 중요한 요소에 빛·색·소리·동작의 네 가지가 있다. 축제나 행사, 상업 등에도 모두 이 네 가지 요소를 잘 쓰지 않으면 사람을 모을 수가 없다. TV에는 이 네 가지 요소를 교묘하게 배합해 있다. 요컨대, 사람을 끌어당기는 강력한 마력을 가지고 있다는 것이다. 그러므로 아이들이 제 마음대로 TV를 보도록 내버려두면 안 된다. 어릴 때부터 부모가 TV채널권을 장악하여 조절을 해야 할 필요가 있다.

또 중요한 이야기를 할 때는 절대로 TV를 켜두어서는 안 된다. 주의가 산만해져서 부모가 아무리 큰 소리를 질러도 TV의 마력에 맞설 수가 없다. 아이들의 신경은 TV에 끌려서 아무리 "잘들어"해보았자 무리한 주문이 된다.

■ 자극적인 만화는 살인의 교과서

폭력만화, 모험만화, TV의 전투극, 엽기영화 등을 5시간 정도 계속해서 보인 직후에 보고문을 써본 실험을 한 일이 있다. 생각이나 태도에 어떤 변화가 있는 가? 어떤 상태로 되는가?

처음 1시간은 사람의 몸을 상처내게 하는 표현이나 행동에, 비판적인 의견이 비교적 많이 나온다. 끔찍한 일이다. 듣기 싫은 소리가 불쾌하였다 등이다.

2시간째 정도에서는 하나의 리듬으로 순순히 머리 속에 정착하기 시작한다.

3시간이 지나면 사고력이 저하되고 등장인물의 영향을 받기 시작한다. 화장실에 갈 때도 어깨를 들먹이고, 눈도 치켜올리고 흔들거리며 걷는다.

5시간이 지났을 때는 현실과 드라마가 혼연 일체가 되어 멍하게 되어진다.

집에 돌아온 뒤에도 우연히 마주친 아이들에게 저도 모르게 성낸 표정을 하고, 생각의 절반은 TV에서 본 폭력장면의 리듬이 잠재해 있다. 식사를 할 때나 수저를 들고 내릴 때나, 반찬을 집을 때, 무의식적으로 화면에서 본 장면을 본받게 되고 흉내를 내면서 쾌감을 느낀다. 곁에서 보는 사람은 이상하게 느껴지고 때로는 무섭게도 보이지만, 본인은 전연 무의식적이다.

이런 일은 어른들은 자기의 충동에 대해 브레이크를 거는 이성(異性)이 있다. 그러나 아이들에게는 아직 그럴만한 억지력이 없으니, 영향이 그대로 표출되는 것은 자연스러운 현상일 것이다.

억지력, 브레이크라는 것은 그런 행동은 해서는 안 된다는 판단력과 그런 행동의 결과는 어떻게 될 것이라는 예측 등이 머리속에 입력되어 있어서 제동력으로 작용하게 된다.

만일 살인을 해서는 안 된다는 생각이 아직 분명히 입력되지 않은 터전에 예사로 살인하는 드라마를 장시간 입력하면 판단기준이 희미해지고 같은 행동을 하는데 억제력이 약해질 수 밖에 없다.

잔학성·염기성 등이 얼마나 자극성이 강하다는 것은 누구나 경험해서 알고 있을 것이다. 아이들에게는 가능하면 보이지 않는 것이 후환이 없을 것이다. 그러나 방영되고 있는 화면을 못보게 하는 수는 없다. 그러므로 미리 화면에 접하지 않게 채널의 선택권을 부모가 가지고 있어야 할 것이다. 그래서 부모로서는 나쁜 영향을 주는 것은 미리 없애고 좋은 영향을 주는 정보만을 아이들 머리 속에 입력하도록 노력을 게을리하지 않으면 안 된다.

사춘기 아이의 체취는 위험이 많다.

■ 남자는 냄새로 SOS를 발산한다.

　남자가 성인아 될 무렵에는 냄새가 나기 쉽다. 풋내나 가축을 다룰 때 나는 냄새와 비슷한 냄새다. 동물도 암컷을 찾을 나이가 되면 전에 없던 냄새를 발산하게 된다. 인간은 태어나서 부터 생식 능력은 있지만 10년 전후로는 표면에는 나타나지 않다가 성적인 정보를 많이 접하게 되면 본능의 눈은 빨리 뜨여 지게 된다. 성 정보의 범람은 역시 불순 이성(異性) 교류나 성범죄로 발전될 염려가 많다. 운동 등으로 에너지를 발산시키고 있으면 성적 억제력이 얼마간 억제되어지고 있으나, 수험공부 등 정신적인 스트레스를 받으면, 때로는 성욕이 느껴질 때가 있게 된다.

　내가 풋풋한 냄새를 아들에게서 맡게 된 것은 아들이 목욕을 하고난 뒤에 들어갔을 때였다. *"올 것이 왔구나."*라고 느꼈다.

　운동이나 악기 등 연습에 힘쓰고 있을 때는 이런 냄새가 옅어진다. 그러나 시험 시기를 맞아 몸을 덜 움직이게 되면 냄새가 짙어진다.

　"이런 위험한 시기를 잘 넘겨야 할 터인데." 어머니로서 마음 속으

로 빌지 않을 수가 없다. 살이 찔 것을 걱정한 아이가 *"하루 한 끼는 평상시대로 식사를 하고, 그 다음은 가벼운 야채나 과일로 하고싶다."*는 아이의 말에 *"한참 크는 나이에 그래서는 안 될 것인데."*하다가 나는 입을 다물어 버렸다.

*"네 몸 일은 네가 잘 생각해서 하렴. 다만 병이나 걸리지 않게 조심해라."*라는 말로 응대를 해두었다. 마침 어느 의사가 쓴 〈자율과 규율〉이라는 책을 읽은 기억이 나서였다. 영국의 귀족 자제를 맡아서 교육하는 이튼 학교의 기숙사에서 식사에 관한 조항에 '아주 검소하면서도 소량'이라는 기사가 있었다. 그 조항을 읽으면서 "한참 자라는 아이들의 체력을 관리하기 위해 칼로리를 억제한 것은 아닌가?"라고 느껴질 만큼 양도 내용도 영양가가 적은 식사를 시킨다는 내용이었다.

그러면서 아이는 그럭저럭 위험한 시기를 벗어났다. 그러나 지금 냉정히 반성해보니 교내폭력, 가정 내 폭력, 비행 등은 어느 아이에게도 내재해 있으며, 있을 수 있는 일이라 생각되어진다. 사회에 드러난 청소년 비행이나 폭력사태는 사실 빙산의 일각에 지나지 않으며, 표면에 불거진 가정이나 아이들을 이상한 눈으로 보는 것은 삼가해야 할 일이다.

보다도 근본적인 대책을 강구하도록 사회나 국가에서 신중하게 연구, 대책을 세우기에 힘써야 할 시기라 느껴진다.

위험은 남자의 풋내 냄새로 SOS신호를 맡았을 때부터 시작 한다는 것을 각오하지 않으면 안 된다.

■ 여자의 호르몬냄새에는 충분히 주의하는 버릇을

중학교 1학년쯤 된 딸아이가 가까이 오면 냄새가 난다. 생리기 간인 것이다. 여자아이가 처음 생리를 맞게 되면 어찌할 바를 모르고, 훌쩍훌쩍 울기도 한다. 아버지들은 그런줄도 모르고 이상한 냄새가 나는 것을 나무라며 곁에 오지도 못하게 하는 경우도 있다. 이럴 때는 암캐도 암내를 내기 시작하면 수컷을 거느리고 다니게 되는 이치를 일깨워 주어야 할 것이다. *"결혼할 때까지 자기 몸을 잘 간수해야 한다."*고 주의깊게 일러주어야 하는 것이 당연하다. 남자로부터 몸을 지키기 위해서는 항상 조심과 경계를 게을리 해서는 안 된다.

생각해보면 여자에게 생리가 있는 것은 당연하며, 조금도 놀라거나 두려워할 일은 아니다. 어머니는 생리에서 풍기는 냄새는 여자의 냄새라 여겨져서 조금도 신경이 안 쓰인다. 그러나 아버지에게는 이성의 냄새인 탓에 민감해지는 것도 사실이다. 그런 탓에 어머니는 충분히 후각을 작용시켜, 여자의 체취에 대한 몸가짐의 태도, 버릇을 가르쳐 둘 필요가 있다. 특히 청결에 유의하고, 조심성 없이 남자들에게 냄새를 풍기지 않게 조심해야 할 것을 일러두어야 한다. 위험한 시기를 안전하게 넘기기 위해서는 평소 어머니의 지도와 주의 밖에 다른 방법은 없다.

흔히 '홀어머니 아래서 자란 여자 아이가 강간당하기 쉽다고 한다. 그것은 남자를 무서워하면서도 방어심이 없기 때문이다.'라는 말이 있다. 딸아이에 대한 어머니의 지도가 부족한 점을 지적한 말이기도 하다.

8

사회복귀를 하려는
주부를 위한 오감(五感) 훈련법

■ 뒤처지지 않기 위한 아이디어의 자주적인 표현

이제부터는 세상이 급속도로 바뀔 것이다. 그 변화를 당신은 어떻게 적응해 갈 것인가? 학교를 졸업하고 곧바로 주부의 자리에 앉는 사람, 사무원으로 회사에서 근무한 뒤에 결혼을 하는 사람 등 환경과 처지에 따라 각양각색일 것이지만, 시대의 변화는 매우 심하다. 가정주부로 들어앉은 사람은 시대에 뒤쳐 지지 않고 시대의 흐름을 타고 나아가자면 오감을 충분히 갈고 닦아서 원활하게 활력이 넘치게 하지 않으면 안 된다. 그리고 오감의 안테나를 높이 올려서 정보수집에 노력하지 않으면 안 된다. 청소·세탁·요리·육아 등 매일의 가정생활 모든 부분에 오감을 훈련하는 재료는 얼마든지 있다.

이제부터의 가사는 가정경영이다. 주부는 가정경영의 경영자이다. 경영감각을 조성함으로써 가사도 재미있게 되는 것이다. 경영자의 수완으로 가정은 잘 되기도 하고, 나빠지기도 한다. 물론 주부인 당신 자신도 인생이 변한다. 주부의 두 사람 중에 한 사람은 일을 가지고 있는 시대이기도 하다. 지금은 주부 전업이라 할지라도 언제 어느 시기에 일이 생길지, 어떤 일을 하여야만 할지 모른다. 그때 바로 대응하기 위해서 자주적인 훈련을 해두는 것이 슬기로운 주부라 생각된다. 세상은 예상할 수 없이 변화한다. 어떤 변화에도 당황하지 않도록 시대감각을 마련해 두고 있는 주부가 요망되는 때이기도 하다.

이것만으로 사회복귀는 언제라도 OK.

■ 느슨해진 기분을 고치려면 요골(腰骨)을 빠른 속도로 두드린다

하고자 하는 의욕도 없고, 정말로 어떻게 해야 할 지를 모를 때, 내가 행하는 기분전환법이 있다. 요골 위를 빠른 속도로 톡톡 두들기며, 빠른 걸음으로 걸어다니는 일이다. 아나운서 시절에 있었던 일인데, 마침 이런 동작을 보고 있던 직원의 한 분이 좋은 일이라 칭찬을 하였다. *"기분전환은 머리로 하려면 어렵다. 가장 쉽고 빠른 것은 피부나 호흡에 자극을 주어서 자율 신경을 활발하게 하는 것인데 당신이 하는 것은 매우 좋은 방법입니다. 다만 열이 있을 때는 열이 오르는 탓에 조심하세요."*

며칠 전 미용실에서 '아침의 리듬얻기 훈련'이라는 것을 보았다 직원 전원이 길에 나가서 1·2·3·4 호령을 붙여가면서 5~6보 가다가 U턴하여 되돌아온다. 발가락을 세워서 재빠르게 움직인다. 1~2분만 하면 졸리던 사람도 긴장을 되찾고, 동각이 매우 경쾌해지고 구령도 힘차진다. 이런 성성한 리듬이 그대로 일의 리듬으로 계승되고 있다. 세발(洗髮)에도 생산(生産)에도 상점 전체가 이 빠른 리듬으로 명랑해진 느낌을 갖게 된다. 훈련이 상당한 속도라면 피곤하지 않을까라고 염려도 되지만, 사실 그렇지 않다. 전 같으면 오후 1시나 2시경이 되면 벌써 피곤해지는데, 보행(步行)리듬 훈련을 하고

부터는 저녁 때까지 계속 근무할 수 있었다.

자동차를 운전할 때, 바로 달리면 도중에 엔진이 정지하거나 여간해서는 상태가 좋아지지 않으나, 충분히 공전(空轉)을 하고 나서 출발하면 하루 종일 좋은 상태로 달릴 수 있다. 사람도 마찬가지다. 아침 상태가 좋지 않을 때, 기분이 느슨해졌을 때, 시험 삼아 실천해 보면 효과를 알게 될 것이다.

■ 손재주가 있는 사람은 반사신경이 둔해지지 않는다

컴퓨터를 조작하는 단시간 노동자가 매우 인기가 있다. 시간급 (時間給)은 전문가를 쓸 수 있으면 5할 가산~2배를 지급받는다. 재주가 없는 사람이라면 일주일 정도로 겨우겨우 치게된다고 한다.

그런데 손재주가 있는 사람은 버튼의 위치를 빨리 기억하여 재빠르고 정확하게 반응하는 사람, 결국 결단력과 반사신경이 예민한 사람이다.

전업주부를 계속하고 있으면 이 반사신경이 둔해져서 일을 하게 될 때까지는 시간이 걸리게 된다.

그래서 버튼 감각 훈련법이 필요하다. 세탁기, 전자렌지, 계산기 등 가정 내에 버튼이 있는 것은 적지 않을 것이다.

이것을 톡톡 빨리 정확하게 누르는 훈련을 해보면 어떨까? 빨라지면 빨라질수록 반사신경 뿐 아니라, 결단력도 붙게 된다. TV를 줄곧 보는 것도 결단력을 감퇴시키는 역할을 한다. 다른 일을 해야 할 때에 손이 저절로 TV를 꺼버리게 되면 비로서 결단력이 생겨나게 된 것이다.

■ 프로가 쓰는 도구를 사용하여 프로감각을 몸에 익힌다

가정에서나 공사장에서나 어떤 공사나 수리작업에서 우리가 경험하는 것은 기구와 연장의 우수성이다. 못을 빼는 일이나 나무를 필요에 따라 잘라야 할 때에 공구나 연장만 좋으면 쉽게 할 수 있으나 공구나 연장이 좋지 않으면 무척 힘이 든다. 요즘은 공구나 연장, 심지어 사무용품까지 놀랄만큼 발전하여 공사나, 작업이나, 사무 등 아주 능률적으로 해낼 수 있게 되었다. 전문가, 기술자가 쓰는 기구나 연장을 써보면 전문가, 기술자 구실을 할 수 있다.

발달된 공구, 최신화된 사무용품 등을 손에 들면 일종의 긴장감을 느끼게 된다. 이 긴장감이 프로 정신이며, 전문가 정신이다. 이 프로 정신은 사무실에서도 필요하지만 가정에서도 얼마든지 활용하면 생활에 정리, 합리화가 이루어져 시간과 경비도 줄일 수 있는 것이다. 전문가가 쓰는 도구나 연장을 사용하면 전문가의 프로 감각을 느낄 수 있다.

■ 가사를 할 때는 슬리퍼를 신지 않는다

회사에서 주부를 채용할 경우에 보통 걷는 법과 소리내는 법에 중점을 둔다. 나는 주부로서 채용당하는 측에서도 경영자로서 채용하는 편에도 서봤던 경험이 있다. 씩씩하고 힘있게 걷는 사람을 우선적으로 채용하고, 반드시 좋은 자리에 앉게 된다. 그런데 가정에서 늘 슬리퍼를 신고 지내는 사람은 이런 걸음걸이가 되지 않는다. 엉덩이가 처지고 발을 끌고 다니던 버릇이 몸에 익숙해져서 어딘지 모르게 불안정한 느낌을 준다. 구라파에서는 슬리퍼를 사용하는 것은 침실 등 아주 제한된 장소 뿐이다. 주부의 신은 대개 중간 높이의 힐이다. 중간 높이의 힐로 계단을 오르내리거나 청소기를 밀거나 하며, 가정 내에서의 이동속도는 동양 주부의 배 정도는 될 것이다.

구라파에서는 '적극적이며 행동적인 여성은 발이 빠르다'라는 말이 통용되고 있다. 가사도 싹싹해치운다.

당신도 중간 높이의 힐을 신고 가사 일을 해보면 어떨까? 구라파 여성처럼 재빠르게 가사를 정리하는 태도는 배울만한 일이다. 느릿느릿 움직이게 되는 것은 슬리퍼 같은 것을 신으면 자연히 몸에 붙는 버릇이 되는 것이다.

■ 능력감각을 기르자면 아날로그 시계가 좋다

가령, 화장을 할 때 당신은 어떤 순서로 하고 있는가?

하나하나 집어내어서 바르고는 넣고, 바르고는 넣는 방법으로 우선 40분쯤 걸린다고 하자. 나의 실험에 따르면 순서를 잘 잡으면 같은 화장을 하는데 15분은 절약된다.

우선 사용하는 순으로 화장품을 벌여놓고, 모두 뚜껑을 열어놓고 바르기가 끝나면 더러워진 손은 닦아내고 뚜껑을 닫는다. 여기까지라도 바르는 시간이 단축되어 15분 정도는 절약하게 된다. 꼭 시험해 보기를 권한다.

여배우와 화장은 밀접한 관계가 있는 것인데, 화장의 순서나 요령이 나쁜 사람은 바보스럽고 느린 사람이 많다. 사람의 성격은 나쁘지 않지만, 시간을 지키지 못하여 다른 사람에게 피해를 끼쳐 원망을 듣게 되는 경우가 많다. 반대로 화장의 순서 와 요령이 좋은 사람은, 시간도 정확하게 지키며 자기가 맡아 할 일도 깔끔하게 잘 처리해 나간다. 여배우는 화장의 단계에 서 벌써 일이 시작되는 것이다. 그런데 "QC"라는 말을 들은 적 이 있는가? Quality Control (=품질 관리) 가령 하나의 제품을 만들 경우, 가능한 합리적으로 시간과 경비를 절약하여 좋은 제품을 만들자는 계획과 수법이다. 어느 기업도 기를 쓰고 이 QC 운동을 진행해 가고 있다. 당신이 조금이라도 좋은 일을 하려고 생각한다면 이 능률감각을 몸에 익혀두는 것이 필수조건이다. 우선 시간에 도전해 보는 것이다.

가능하면 디지털(계수식) 시계가 아니고 침이 달려 있는 아날로그(숫자식) 시계를 쓰는 것이 좋다. 장침이 90도 이동하면 *"이제 15분 지났구나"*라고 시간을 양(量)으로 파악할 수 있는 탓이다. 양으로 시간을 파악하게 되면 능률감각을 갖게 된다.

가사를 할 때도 화장을 할 때도 시간을 의식하여 순서 있게, 합리적으로 이용해 나가야 할 것이다. 모든 방면에서 모든 사람이 근무처에서 가정에서 이 QC활동을 연구하며 공부하고 있다.

■ 거울을 이용하여 남자의 시선을 의식하는 훈련을

여성은 이성(異性)에게 보여짐으로써 아름다워지는 것이다. 버스 속에서나 백화점 같은 곳에서도 '아름다운 사람이구나'하는 시선을 만나면 미인 원망(願望)이 촉발된다. 가슴도 엉덩이도 자동적으로 긴장이 감돌고, 눈매에도 광택이 난다.

그러나 아무도 보는 사람이 없으면 거울을 이용할 것이다. 여기에도 저기에도 걸어두고 여러 각도에서 자기 몸매를 비추어본다. 다만 엄격한 남자의 눈으로 보아야 한다. 그러면 여성은 거울 앞에서 몇 차례나 새로 태어나는 것이다. 거울을 목욕실에 걸어둔 사람이 세 겹으로 겹쳐진 배가 두 겹으로 줄어들어 기뻐했다는 사람이 있다. 나체(裸體)가 되어 옆모습을 거울에 비춰본다. 힘을 빼고 있으면 배가 세 겹으로 겹쳐지고 힘껏 숨을 죽이고 배를 끌어당기면 단번에 한 겹으로 되어 젊었을 때의 체형이 되살아난다. 곁들여서 발끝으로 서서 엉덩이를 끌어올린다. 마릴린 먼로도 저리갈 정도의 몸매가 된 것이다.

어느 여배우의 자전수필에서 외출할 때에 정신을 차려 배를 쑥 끌어당긴다. 이런 동작을 가끔 반복하는 것만으로 스마트하게 된다고 하였다. 또 중년 여성의 하반신에 군살이 찌는 것은 사랑 받는 횟수가 적어진 탓이다. 사랑하고 있을 때는 배를 끌어당기 거나 회전하거나 하여 상당한 운동을 하게 된다. 가장 미용에 좋 은 것은 바로 그것이다. 그러나 *"우리 남편은 피곤하여 미용체조의 상대역을 할 수 없어."* 이렇게 되면 지방이 늘어나는 것은 당연하 다. 그래서 목욕실의 거울 앞에서 세 겹으로 된 배를 끌어당기는 운동을 하게 되는 것이다.

아직은 버릴 때가 아니군

거울의 크기는 세로가 1m, 가로가 40㎝라면 충분하다. 몸의 크기의 약 ½이면 충분히 비추어지는 것이 거울의 원리이다.

■ *자동차 운전을 익히면 기업형 인간이 될 수 있다*

"여자는 운전을 안 하는 것이 좋다. 그러나 운전은 배워야 한다." 이 런 주장을 하는 남성이 있다. 매우 모순이 있는 생각이라고 느껴

진다. 그러나 운전을 권장하는 이유가 있다.

1. 사물을 보는 태도가 객관적으로 된다.

차의 크기를 오차(誤差) 5㎝이하의 정밀한 도수(度數)로 목측하지
못하면, 좁은 주차장에서는 주차하지 못한다. 크기의 정확한 목측이
사물을 있는 그대로 보는 능력을 기른다. 가령 *"저 옷을 사고 싶으니 식
비를 ⅓로 줄여야 하겠군"* 이런 생각은 하지 않게 될 것이다. 상당히 잘
먹고 살아가는 사람이라도 40%의 절약 정도는 힘이 들 것이다. 보통
가정에서는 20% 정도의 식비를 절약하기도 힘 드는 일이다.

2. 시야(視野)가 넓어진다.

운전중에 사고에 휘말리지 않게 하는 요점은, 전방을 잘 보는 것이다.
앞, 뒤, 옆이나 아주 먼 앞쪽도 뚫어보고 어떤 어려운 일이 있을 가를 재
빨리 발견하려고 한다. 평소의 이 노력이 한 가지 일을 여러 가지 각도
에서 파악하고 동시에 관련 사항도 넓게 파악할 능력이 길러진다.

3. 감정의 조정이 잘 되어진다.

성이 났다고 난폭한 운전을 하여 다른 차에 충돌하는 일이 있으면 목
숨이 몇 개 있어도 부족할 것이다. 어떤 슬픈 일이 있어도 불쾌한 일이
있어도 자기의 감정을 억제하여 핸들을 잡는다는 이성(異性)이 작용하
게 된다. 시어머니와 다툰 울분을 아이들에게 분풀이하는 그런 어리석
은 일도 하지 않게 될 것이다.

4. 몇 가지의 일도 동시에 진행할 수 있게 된다.

여성의 결정은 한 가지 일에 집중하면 다른 일을 동한시하게된다. 그러
나 건널목에 접근한 발진(發疹)할 경우, 앞을 보고 좌우를 보며 왼쪽 클
러치를 약간 밟고 오른쪽 악셀을 밟고 오른 손으로 핸들을 꼭 잡고 왼
손으로 사이드 브레이크를 풀고 하는 등 이런 동작을 잘 해내지 못하
면 튕겨나오게 된다. 이런 훈련은 맞벌이 주부에게는 아주 적합한 일이

다. 가사·육아·근무·남편 뒷바라지, 이웃과의 교섭 등 모두 동시에 진행해야 할 일이다.

5. 의뢰심이 없어진다.

핸들을 잡으면 의지할 것은 자기 뿐이다. *"틀림없이 정지해줄 것이라고 생각했는데……"* 하는 생각은 통하지 않는다. 남을 믿고 의지하는 생각은 적어질 수밖에 없다.

또 한 가지 좋은 것은 차의 성능과 드라이버의 심리를 알게 되는 일이다. 도로 한가운데에서 이야기를 하거나, 옆길에서 급히 뛰어나오는 일은 하지 않게 되고, 사고를 맞는 위험성도 적어진다.

이렇게 객관적으로 사물을 보는 방법, 넓은 시야, 감정의 조절, 동시진행 그리고 의뢰심의 소멸 등은 책임감으로 연결된다. 결국 회사 등 조직내에서 일을 하는 사람에게 요구되는 조건과 일치하게 된다. 그런데 운전하는 사람 중에서도 안 될 사람이 있다. 운전을 배우기 전에 아주 어려웠던 사람이다. 이런 사람은 잠재의식이 작용하여 사고를 당할 확률이 많을 것이니 말이다.

정보수집훈련

■ 신발의 정리법 점포 물건을 꺼내는 법이 주부의 성격을 알게된다

*"현관을 보면 가정을 알 수 있다."*라고 말하고 있다. 전문가가 되면 현관에 한 발자국 들어서는 것만으로 그 집 주부의 성격까지 정확하게 알아낸다.

신발이 흩어져 있다. 그 중에는 엎어진 것도 있다.

이런 가정의 주부는 서글서글한 성격, 잘 추켜세우면 무엇이나 쉽게 사준다. 그러나 야무지지 못해 지출에 약간 차질이 생길 가능성이 많다. 자기가 자발적으로 깔끔하게 정리하는 타입은 아니다. 약속을 해도 연락 없이 지키지 않을 경우가 많을 것이다.

현관에 한 컬레의 신도 없이 깔끔하게 정리되고 먼지도 없다

이런 가정의 주부는 신경질적인 면이 강하다. 지나치게 꼼꼼하고 잔소리가 심하다. 납기(納期)나 방문의 약속을 어기면 두 번 다시 거래하기가 어렵다. 가격에 대해서도 까다로워서 주의가 필요하다. 식사때 식기를 내오는 것으로도 주부의 성격을 알수 있으니, 역시 조심이 필요하다.

전업주부이면서 언제나 외부에서 식사를 한다

낭비벽이 있는 주부타입. 능력 이상의 생활을 하고 있을 경우가 많고 경제적으로 파탄을 가져올 가능성이 있다.

식기를 가볍게 씻어서 쓴다

소위 요령을 부리기 좋아하는 사람이 많다. 상식적인 타입이다.

식기가 더러운 채로 나무젓가락, 담배꽁초 등을 함께 넣어둔다

야무지지 못한 것을 벗어나 상식도 없다. 거래상대로는 가장 부적합하다.

현관이나 식기 내오는 방법과 주부의 성격의 비교를 당신도 시험해보면 재미있는 점을 발견하게 될 것이다. 이런 점을 참고하여 영업이나 방문판매에 도움이 되는 일이 있을 수 있다.

■ 전화를 통해 들리는 소리로 가정의 분위기를 읽는다

다른 집에 전화를 걸었을 때, 상대편 가정의 분위기를 짐작 하는 좋은 기회가 된다. 전화기를 손에 가리지도 않고 *"엄마 최 씨라는 분의 전화예요"* 딸아이의 소리거나, 할머니의 소리가 크게 들리면 다소 예의가 바르지 못하거나 사물에 조심성이 없는 대범한 가정인 것을 짐작할 수 있다. 찾는 사람이 직접 나올 때도 있으나 받는 사람의 태도로 보아 가정의 분위기가 짐작이 된다.

어떤 가정에서는 좀 기다리라 하고는 2~3분 정도 아무 반응이 없는 경우도 있다. 물론 받을 사람이 좀 자리를 비워서 찾으러 갈수도 있지만 양해도 구하지 않고 기다리게 하는 것은 무책임한 가족이란 인상을 줄 수도 있다. 좀 기다리다가 *"마침 자리를 뜨셨는데 오시면 전화를 걸게 하겠습니다. 전화번호라도"*한다면 받는 사람의 기분도 좋아지고 좋은 가정, 예절을 잘 지키는 가정이라고 느껴질 것이다.

전화를 통해서 들리는 소리도 가지각색이다. 아이의 울음소리·식기의 소리·TV의 소리·악기의 소리 심지어 개 짖는 소리, 때로는 자동차 소리, 기차소리 등등 전화를 통해서 들리는 소리로 집의 위치, 전화가 놓여진 자리, 그 집의 이미지를 짐작 할 수 있다. 전화를 통해서 얻어진 이미지를 실지로 그 집을 방문하여 비교해 보면 어느 전도 부합하는 지 시험해 볼만하다.

전화를 받기 전에 TV의 음향을 낮추고 전화를 받는다면 용의주도한 것을 짐작되지만 음향을 그대로 둔 채 전화를 받는다면 전화를 건 사람을 무시하는 느낌마저 줄 수 있다.

TV음향을 높게 하고서 전화를 받는다면 지금 TV를 재미있게 보고 있는데, 전화로 방해를 받고 있다는 그런 인상을 주게도 된다. 전화란 것은 용건 외에도 매우 여러 가지 숨겨진 정보를 전하게 된다. 전화를 걸면서 이런 면으로 다른 데서는 얻을 수 없는 정보를 얻도록 힘 쓸 것이다.

■ 집에서 풍기는 냄새로 생활형편을 짐작한다

어느 외판사원은 남의 집을 방문하면서 가족들의 식성, 옷 입는 취미 등을 잘 살펴서 그들에게 적합한 물건을 권유하여 성적을 올리는 경우가 많다고 하였다.

책 외판원도 가족 한 사람 한 사람의 교육정도, 취미 등을 계속 파악하여 그 가족에게 알맞고 좋아할 만한 책을 골라 권유 하면 판매량을 늘릴 수 있게 된다고 하였다. 집안에 들어서면 풍기는 냄새도 가정마다 모두 특색이 있게 마련이다. 가정에서 풍겨 나오는 냄새는 바로 그 가정의 분위기이고, 교양정도가 되며 주부나 가장의 성격, 직업 등도 추측해서 알아낼 수 있다고 하였다. 집안에서 풍기는 냄새를 잘 이용하여 영업에 살리면 그만큼 좋은 성과를 올릴 수 있다는 것을 외판원이 이용해야 할 가장 손쉬운 성공의 길이라 하겠다.

■ 자기자신 속에 묻혀있는 재능을 캐내야한다

어느 스님이 *"이 아이는 여러 곳을 떠돌면서 살아가게 될 것이다. 여자치고는 귀한 상이다."*라고 내 얼굴을 보고 말하면서 지팡이를 짚고 사라져 간 것을 희미하게나마 기억하고 있다.

이 운명적인 만남. 어렸을 때 나의 청각을 통해 잠재의식 속에 스며든 말의 암시는 30여년의 침묵을 깨고 갑자기 나의 의식을 각성시켜서 연간 200회를 넘는 각 곳의 강연회로 나를 내몰고 갔다.

사원교육이나 지역개발로 직접 내 이야기를 들은 사람은 이 10년간에 연 인원 180만 명이나 된다. 그 중에는 TV출연을 하고 있을 때 만난 사람이나 TV를 보아온 인원은 포함되어 있지 않다. 순수하게 나의 강연장에서 강연을 들은 분들만의 인원이다. *'농촌으로 청년을 불러들이자면', '쇠퇴하는 지방 산업을 활성화하자면', '팔리지 않을 시대에 잘 팔리게 하는 방법은?'* 등이 내가 말한 주제였다. 어느 때, 많은 사람들의 박수 소리를 들으면서 좋은 기분으로 강연을 하고 있을 때 나는 갑자기 머리를 꽝하고 얻어맞는 것 같은 충격을 받았다. 아무리 설비에 투자를 하고 지역개발 등을 하더라도 거기서 일을 하고 있는 사람들이 건전하지 못하다면 아무것도 되지 않는다는 것을 깨닫게 된 탓이다.

그래서 방침을 180도 전환하여 한 사람 한 사람 바로 꿰뚫어보고 자기자신 속에 묻혀있는 것을 발굴하여 일상의 표정·동작·언어에 반영해 간다는 기초적인 것부터 고려해야 할 것이라고 모든 사람에게 호소하였다. 보기에는 딱딱한 듯 보이는 고쳐보는 운동은 지금 각처에서 큰 반응을 불러일으켜 커다란 너울이 되어 여러 가지 형태로 전개되어 가고 있다.

오감을 중심으로 두고, 관광지를 고쳐보는 운동은 후각을 점으로 하는 것에 의해 화장실은 수세식으로 하지 않으면 냄새에 민감한 도회지의 젊은이에게 버림을 받는다든가, 촉각을 중점으로 하면 정구장에 샤워실이 없으면 뒤에 몸이 칙칙해서 불쾌감이 남게 되고 휴양지로서의 인기에까지 영향이 미친다는 등의 의외의 발견을 하게 되었다. 한편 한 사람 한 사람의 오감의 활성화를 도모하자는 운동은 일과 육아의 사이에 끼어 고민 하는 외판원 부인이나, 나의 심중이 절반도 타인에게 알려지지 않아 고민하는 젊은 아가씨들의 문제 해결에 크게 기여했다. 이 책은 내가 지금까지 만난 180만 명의 사람들과의 여러 방면의 교류 속에서 생겨진 인간이 더 인간답게, 주체성을 잃지 않고 주위에 대응해가는 지혜의 모든 것을 여성이 살아가는 방법이라는 중심축에 맞추어서 정리한 것이다.

풍부하고 뛰어난 감성을 가진 당신이 자기 자신의 운세를 스스로 조금이라도 좋은 쪽으로 인도하여 더 행복하고 보람있는 인생을 보내기 위해 이 책이 조금이라도 기여한다면 다행이겠 다.

부록

___

동양식(東洋式)
수상법(手相法)

동양식(東洋式) 수상법(手相法)

1. 손가락과 언덕(丘)의 혈색(血色)

- 동양식(東洋式) 수상(手相)이란?

현재 수상(手相)이라 하면, 거의 서양의 수상을 말하고 있다. 이조 말엽까지는 우리나라에도 인상(人相)을 보는 이름난 사람들이 많이 있었다. 이런 사람들은 인상뿐 아니라 수상도 상당히 많이 보고 있었다. 그 중에 많이 사용한 것이 소위 동양식 수상(중국에서 전해 온 수상)이다.

그러나 이와 같이 이조 말엽부터 서양 수상이 들어온 뒤부터는 동양식 수상은 자취를 감추고 말았으며, 현재는 동양식 수상을 사용하는 사람이 거의 없어지게 되었다. 그러나 동양식 수상은 결코 가치가 없는 것은 아니다. 오히려 동양식 수상에는 동양 수상법 독특의 보는 방법이 있으며 서양식 수상에서 볼 수 없는 훌륭한 장점이 있는 것이다.

특히 성질과 혈색을 보는 것은 서양식 수상에는 없는 것이며, 이것을 응용함으로써 서양에서 판단하기 어려운 점을 보충할 수가 있는 것이다.

더구나 여기에서 왜 동양에서 이 수상이 서양식에 억눌리게 되었는가를 살펴본다. 이것은 별로 어렵게 생각할 필요는 없다. 즉 상법(相法)이라 하여 사람의 상(相)을 보고 그 사람의 과거, 현재, 미래를 예지할 수 있는 운명학은 크게 나누어 인상(몸이나 행동, 다리를 포함한다)과 수상(手相:손톱, 손의 동작을 포함한다)이 있다. 이 두 가지 중 인상 쪽이 동양에서는 대단히 발달하였으므로 인간의 모든 것을 판단하는 데는 인상으로 충분하였다. 그러므로 수상이 발달하지 않았다고 보아도 좋을 것이다. 반대로 서양에서는 인상을 성격의 일부로 보는 데 밖에 쓰이지 않는다고 보고, 그 사람의 운세를 판단하는 데는 수상아 중요시되어 왔다는 것이다. 그러므로 동양과는 반대로 수상이 크게 발달한 것이다.

이와 같이 두 종류의 학문 중에서 한 가지만으로서 모든 것을 볼 수 있었으므로 자연히 다른 한 가지는 소홀히 되었다고 봐도 좋을 것이다. 물론 이외에도 여러 가지 원 인과 이유도 있겠으나 솔직한 이유는 앞서 설명한 이유에 기인한다고 생각해야 한다.

그러나 인상은 인상의 장점, 수상은 수상의 장점이 있으며, 또 전기(前記)와 같이 서양수상과 동양수상은 각각 장점과 단점이 있다. 그러므로 지금부터 말하려는 동양식의 보는 방법도 충분히 응용하여 수상판단에 완벽을 기 해주기를 바랄뿐이다.

- 손가락(指)의 보기

손가락 등(排)쪽은 말고 깨끗하며, 둥글게 되어 있으면서 부드러운 느낌을 가진 손가락이 제일 좋다. 이러한 손가락은 부귀 총명의 상이라고 부른다. 반대로 손가락의 뼈가 굵게 나타나 그 마디마디가 닭의 다리와 같은 더득 더득한 것은 빈곤(貧困)한 상을 나타내는 것이다.

엄지손가락의 등에 문(紋)이 나타나 있는 상은 운이 좋아 대성공을 한다. 또 손가락의 등쪽에 혹자(黑字)가 있는 것도 길상이라 하며, 뛰어난 일을 하며 이름을 떨칠 수 있는 상이다. 손가락은 끝이 가늘고 날카로운 상을 총명 부귀의 상이라 하며, 끝이 굵고 짧은 상은 어리석은 우상(愚相)이다.

또 손가락이 부드럽게 긴 상의 사람은 자비심이 강하며, 명망가(名望家)로서 다른 사람이 많이 따르는 사람이다. 그리고 손가락 등의 살갗이 상당한 습기를 가진 사람은 귀귀다재(貴貴多財)의 상이라 한다.

- 손톱의 보기

손톱은 그 사람의 건강상태나 몸의 강약을 볼 수 있으며, 또 그 사람의 신장(腎職)등의 길흉을 구별할 수 있다.(단 신장이란 한방류의 뜻) 손톱이 두껍고 그 손톱에 윤기가 있는 상은 건강하며, 신장계통도 강하다고 한다. 그러나 손톱이 두꺼울 뿐이고 그 모양이 정돈되어 있지 않은 상은 몸은 건강하여도 인격 면에 뒤떨어진 곳이 있다 고 본다. 반대로 손톱이 얇은 상은 건강치 못한 사람에게 많이 볼 수 있으나, 얇아도 속손톱(반달)이 나와 있으면 병이 없는 사람이다.

대체로 손톱에 나타나 있는 흰부분(반달)은 그 사람의 건강을 나타내므로 반달이 나타나 있는 것은 모두 좋다. 이 반달이 희기가 엷게 또는 없어 보일 때는 모든 일이 잘 되지 않음을 나타내고 있으며, 건강을 해치는 징조라고 보고 주의하여야 한다.

또 손톱 전체가 거울과 같이 빛나는 것도 어떤 일이 잘 되지 않을 때에 나타나므로 때를 기다리는 수밖에 없다. 손톱에 세로줄을 그은 것 같은 상은 몸이 건강치 못 함을 나타내므로 주의하지 않으면 안 된다. 이 세로의 줄이 항상 나타나 있는 것은 품위가 없는 사람으로 좋은 것이 못된다.

손톱이 안쪽으로 굽은 상은 몸이 약하고 기분도 좋지 못하여 성공하지 못하는 상이다. 또 손톱이 짜부라진 상도 역시 마찬가지로 좋지 못하다. 손톱이 둥근 모양을 하고 있는 상은 크게 성공하지는 못하나 남에게 귀여움을 받든지, 이끌어 받기도 하여 애교를 갖춘 사람이라 하겠다.

- 다섯 손가락의 보기
동양의 수상에서는 다섯손가락에 각각 육친(아버지·어머니·형·동생·아내·자식)을 꼭 맞추어 이 다섯손가락의 관계나 상처, 곡절 등에 의하여 그 육친의 길흉을 판단한다.

엄지손가락은 조상이나 양친을 행하며, 집게손가락은 타인을 행하며, 가운데 손가락은 자기자신을 행하며, 약손가락은 친척을 행하며, 새끼손가락은 자손을 행한다고 한다. 그러나 여성은 가운데 손가락은 남편으로 하고, 약 손가락은 자기자신이며, 친척, 자손은 새끼손가락으로 한 다. 이것들의 육친을 행하는 손가락에 나쁜 상이 있으면 그 부분을 행하는 육찬을 울리게 하던가 또는 그 육친과 인연이 멀어진다고 보는 것이다.

엄지손가락과 집게손가락의 사이가 넓게 벌어진 상의 사람은 엄지손가락은 부모를 행하는 곳이므로 양친과 인연이 멀어지는 것을 말하며, 또는 불효자식에 이런 것이 많이 나타난다.

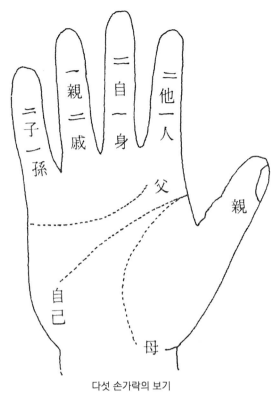

다섯 손가락의 보기

집게손가락과 가운데손가락과의 사이가 벌어진 상의 사람은 자기를 도와주는 사람이 적다는 것을 나타내고 있으며, 또 그 사이가 많이 벌어진 사람은 대인관계가 좋지 못하고 항상 적을 갖고 있는 사람이다. 이것은 집게손가락은 타인을 행하며, 가운데손가락은 자기자신을 행하 는 것으로 이런 것이 나오게 되는 것이다. 반대로 집게손가락과 가운데손가락이 붙어 있는 것 같이 보이는 상의 사람은 대안관계가 원만하고 자기도 남을 위해서 노력하며, 다른 사람도 자기의 힘이 되어 주는 좋은 뜻의 상을 가진 사람이다. 그러나 어느 쪽이 많은가 하면 다른 사람 을 위해서 일을 하는 것이 많아지기 쉬우며, 또 자기의 일신상의 일에도 친척에게 의논하는 일이 없고 남에게 의지하는 수가 많다.

　가운데손가락과 약손가락의 사이가 넓게 벌어진 사람 은 친척 관계가 나쁘고, 또 인연이 먼 사람이다. 남성 같으면 처연(妻緣)이 바뀌기 쉬운 상이다. 그리고 극단으로 넓게 벌어진 사람은 자기의 힘이 되어주는 친척은 전연 없고 아이들에게도 인연이 먼 상이다.

　가운데손가락과 약손가락의 사이가 벌어지지 않은 상 의 사람은 친척관계가 대단히 좋은 사람이며 부부연, 자식연에도 혜택을 받을 수 있는 가장 좋은 상이다.

　약손가락과 새끼손가락의 사이가 벌어지지 않은 사람의 상은 자식 복이 많은 사람이다. 만일 자기 자식의 복이 없으면 좋은 양자를 얻을 수 있다는 것을 뜻하는 것이다. 반대로 이 새끼손가락과 약손가락과의 사이가 벌어진 상 의 사람은 자식에게 인연이 없는 사람으로 가령, 자식이 있다고 하여도 의지할 수 없다든가, 좋은 자식이라고 할 수 없음을 뜻하는 것이다.

＊　　　　　　　　　　　＊

　다섯손가락이 힘없이 흩어져 있는 사람이 있으나, 이런 사람은 결심이 정해져 있지 않고 항상 정신불안정의 사람이라고 한다. 또 다섯손가락을 힘있게 죄어내는 사람은 정신도 확실하며, 계획도 결정된 사람이라는 것을 나타낸 것이다.

가운데로 손가락이 오므라지게 손을 쥐고 내는 사람이 있으나 이런 사람은 소심의 사람으로 큰 파탄은 없으나 대성공을 할 수 없는 상이다.

또 가운데손가락의 밑부분과 집게손가락의 밑부분과의 사이가 벌어지는 사람이 있으나 이것은 남의 이야기를 함부로 하여 손해를 보는 것을 나타내는 것이다. 또 가운데손가락의 밑부분과 약손가락의 밑부분 사이가 벌어지는 상은 자기자신의 일이 항상 많고 그 위에 친척의 일 로서 손해를 보는 상이다.

이상의 세 손가락 즉, 집게손가락, 가운데손가락, 약손가락의 밑부분이 벌어지는 상은 전기(前記)의 나쁜 뜻을 모두 갖고 있으므로 가정을 파괴하고 일생동안 고생을 많이 하는 사람이다.

그리고 엄지손가락의 밑부분 쪽은 보통 굵은 것이지만 그것이 가늘은 상을 하고 있을 때에는 일생 먹이에 고통을 받지 않으나 대성공은 대성공을 할 상은 아니다.

- 손바닥(掌)에 대하여

손바닥이 두껍고 부드러운 상은 길상이여, 복이 많고 성공하는 상이라 보고 있으며, 반대로 손바닥이 딱딱하고 엷은 상은 빈천의 상이라 한다. 그 위에 손바닥은 적당한 조임과 향기가 좋은 손은 귀인의 상이라 하며, 기름기가 있으며 그것 때문에 나쁜 냄새가 나는 손은 하천(下賤)의 상이라고 보고 있다.

그리고 손바닥은 빛깔이 분홍색으로 선명한 것이 가장 좋고 이것을 부귀의 상이라 부른다. 메마르고 바싹바싹한 흙과 같은 느낌의 손바닥은 궁난상(窮難相), 또는 흑암(黑暗), 황탁(黃濁), 파랗게 빛깔이 손바닥은 모든 일이 잘 되지 않는 것을 나타내는 상이다. 또 손바닥이 검은 빛깔이나 흙색이 나타나는 것은 병이 있다는 것을 뜻하는 것이다.

- 삼대선(三大線)의 보기

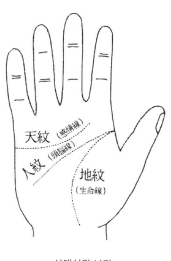

삼대선의 보기

동양식 수상에는 생면선을 지문(指紋), 두뇌선은 인문 (人紋), 감정선은 천문(天紋)이라 칭하고 이것을 삼대선 (三大線)이라 부르고 서양식과 같이 중요하게 보고 있다. 단 이 삼대선의 뜻은 해석이 고간(苦干) 다르게 되어 있다. 천문 즉, 감정선은 손윗사람을 행하며, 또 운(運)을 행한다고 하며, 인문 즉, 두뇌선은 자기를 행하며, 지문 즉, 생명선은 가정을 행하며 수(壽)를 행한다고 보고 있다. 이 천문(天紋)이 굵고 힘이 좋은 상은 운도 강하고 또 위험한 일에 부딪쳐도 구조되는 일이 많아 행운의 상이다. 반대로 이 천문이 가늘고 힘이 없는 상은 운도 약 하고 부모의 인연이 없고, 일평생 고생이 많은 사람이라 본다. 또 이 천문이 끊어져 있거나 엉키어 있는 상은 그 운에 파도(波溝)가 있다는 것을 말하고 있으며 직업 같은 것은 바꾸기 쉬운 사람이다.

다음에 인문(人紋)이 굵고 힘이 있는 상은 신체가 강하고 자기 신분에 맞는 성공을 할 수 있는 사람이다. 그러나 이 인문이 가늘던지 힘이 없는 상은 고생이 많고 신체도 건강치 못한 것을 나타낸 것이다. 또 이 인문이 끊어진 상은 불안정한 생활을 보낸다는 것을 나타내며 가정을 파탄한다는 상이다.

인문의 끝이 올라가 있는 상은 만년이 좋다는 것을 나타내며, 인문의 끝아 내려온 상은 만년의 운세가 나쁘다 는 것을 뜻한다. 지문에 많은 지선이 있는 것은 가정이 평탄하지 못하다는 것을 나타내는 것으로 좋은 상은 아니다.

이상의 삼문(三紋)은 그 사람의 크나큰 운세를 보는데 사용한다. 그리고 이 삼문(三紋) 이외의 가느다란 선은 支線) 보통 보지 않는다.

– 언덕(宮)에 대하여

서양식의 수상학에 말하는 손바닥(掌)의 언덕은 동양식에서는 '궁(宮)'이라 부르며, 이것은 역의 8패의 꼭 맞도록 되어 있다. 그리고 이 궁에 나타나 있는 혈색(血色), 기색(氣色)을 보고 여러 가지 판단을 한다. 동양식의 수상에 가장 뛰어난 보기는 이 궁의 보기에 있다. 동야식에서는 손바닥에 나타나 있는 선을 앞서 설명한 천문(天紋), 지문(地紋), 인문(人紋)과 거기에서 특수한 선(서양식의 생각에서 말한 특수한 선으로 이 선의 보기는 체계적으로 되어 있지 않다)과의 두 종류로 나누어 오히려 이 '궁 (宮)'에 나타나는 기(氣)·혈색에 의하여 수상을 응용하였다고 생각된다.

- 궁(宮)의 나누기

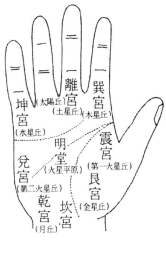

궁(宮)의 나누기

서양식의 수상에서는 손바닥을 금성구, 제일화성구, 대성구, 토성구, 태양구, 수성구, 제2화성구, 월구, 화성평원의 9부위로 나뉘어있다. 동양식도 손바닥에 역시 9부위로 나뉘어 있다. 즉 명당(明堂), 진궁(震宮), 손궁(巽宮), 이궁(離宮), 곤궁(坤宮), 태궁(克宮), 건궁(乾宮), 감궁(政宮), 간궁(艮宮)의 9부위이다. 명당은 서양식의 화성평원에 해당하며 손바닥의 움푹함을 말한다. 진궁은 제1화성 구의 밑부분이며, 손궁은 집게손가락의 밑부분이며 수성구와 같으며, 이궁은 가운데손가락의 밑부분, 즉 토성에 해당하며, 곤궁은 새끼손가락의 밑부분 즉 수성구에 해당 되며, 태궁은 제2화성구에 해당되며, 건궁은 달 언덕의 아랫부분에 있으며, 감궁은 손목 위의 부분에 해당된다.

이상의 부위에 나타나 있는 혈색, 기색(氣色)의 길흉에 의해서 판단을 하게 되나 기색은 초심자에게는 대단히 어려우므로 여기에서는 혈색만으르 설명하도록 한다.

대체로 좋은 색이 나와 있으면 그 부위의 나타내는 뜻은 좋은 일이 일어나며, 나쁜 색이 나와 있으면 그 부위의 나타내는 뜻은 나쁜 일이 일어나는 것이다.

- 궁(宮)의 보기

건궁(乾宮)

건궁은 주로 부모에 관한 일을 보는 부위이다. 기타 손윗사람과의 과의 관계나 상속문제가 이 궁에 나타난다.

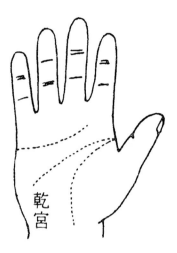

흰색(白色)

흰색이 이 부분에 나타날 때에는 부친이 병에 걸려 있다는 것을 나타내고 있으며, 또는 부친과의 의견이 맞지 않는다는 것을 나타낸다. 같은 흰색이라도 축축한 기가 있으며 힘이 있는 느낌의 빛깔이 있을 때에는 큰 재산을 얻을수 있다.

검은 기(黑氣)

부친이 재난을 입는다는 것을 나타낸다. 또는 부친이 실패하였다는 것을 나타낸 것이다.

적색(赤色)

빨간 색을 말하며, 이 색이 나와 있는 것은 부친 또는 조부와 본인이 무엇인가 대립이 있다는 것을 말한다.

푸른 기 (淸氣)

푸른 색이나 푸른 줄이 나타나 있는 것은 부친이 무엇인가에 허덕이고 있던가 또는 놀랄 일이 있다는 것을 나타낸 것이다.

자색(姿色)

조상이 좋지 못한다는 것을 나타낸다.

분홍색(紅色)

아름다운 분홍색의 혈색이 나오는 것은 대단히 좋은 것이며, 큰 즐거움이 있다는 것을 나타낸다. 이 건궁이 아름다운 색을 하고 있고, 흠이 없으며, 잘 발달되어 있으면 조상, 부친의 은혜를 충분히 받아 좋은 자식을 얻을 수 있는 사람이다. 대외적으로는 손윗사람에게 잘 보여 만사가 성공한다는 것을 뜻한다.

반대로 여기에 결점이 있는 상의 사람은 손윗사람과의 관계가 잘 어울리지 않아 구설, 논쟁이 항상 일어나기 쉽고 금전의 고통과 상속문제, 자식에 대한 걱정, 주소의 고통 등이 있는 것을 뜻한다.

곤궁(坤宮)

곤궁은 주로 모친의 일이나 남성 같으면 처의 일을 보는 부위이다. 기타 주소나 토지의 문제, 직업이나 영업 상태의 일도 여기에 잘 나타난다.

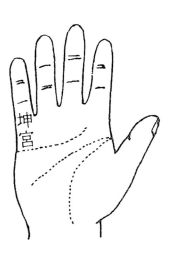

흰색(白色)

윤기가 없는 흰색이 나타날 때에는 처나 모친이 병으로 앓고 있다는 것을 뜻하며, 그 흰색이 시들어진 것과 같이 나타날 대에는 사망을 나타내고 있다.

적색(赤色)

모친이나 처에게 말다툼을 하고 있다는 뜻이다.

푸른 기(淸氣)

모친이나 처에게 무언가 놀랄 일이 일어났다는 것이다.

검은 기(黑氣)

모친이나 처에게 어떤 재난이 닥쳐온다는 것을 나타내며, 처와의 이혼문제가 일어난다는 것을 뜻한다.

자색(紫色)

가정이 원만하다는 것을 나타내며 즐거움을 뜻한다.

분홍색(紅色)

아름다운 분홍색이 나타나는 것은 모친과처에 대하여 즐거운 일을 뜻한다.

이 궁이 항상 아름다운 색을 하고 있으며, 알맞은 발달을 하고 있는 상은 손윗사람의 부인이나 노인, 처 등의 원조를 받아 직업, 경영상태의 호존성을 보전하고 있다는 것을 나타내고 있는 것이다.

반대로 이곳에 흠점(欠點)이 있는 상의 사람은 모친과 처와의 사이가 좋지 못하고 자식에 대해서의 고심, 영업상의 고통, 주소문제 등 여러 가지의 흉한 일이 일어난다는 것을 나타낸다.

태궁(兌宮)

태궁은 주로 자손과 손아랫사람을 보는 부위이다. 그 외 연애결혼, 여성문제, 금전관계도 이 부위에서 판단한다.

흰색(白色)

손아랫사람이나 자식이 병으로 앓고 있거나 고생을 하고 있다는 것을 나타낸 것이다.

빨간 기(赤氣)

손아랫사람이나 자식과의 말다툼을 뜻한다.

푸른 기(淸氣)

자식이나 손아랫사람이 고생을 하고 있다는 것을 나타내며, 자식에게 속기도 하고, 또 손아랫사람이 도망 또는 감당을 못한다는 뜻을 나타낸다.

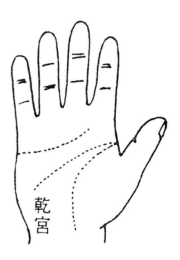

검은기 (黑氣)

자식이나 손아랫사람이 큰 병으로 앓고 있다는 것을 나타내며, 거의 사망을 뜻한다.

분홍기 (紅氣)

아름다운 분홍빛이 나타나는 것은 자식이나 손아랫사람에게 즐거움이 있다는 것을 나타낸다.

이 궁이 아름다운 빛깔을 하고 있으며, 잘 발달된 상 같으면 금전의 혜택을 받고 젊은 여성이나 자식, 손아랫사람들 때문에 크게 득을 볼 수 있다는 것을 뜻한다. 반대로 이 궁에 결점이 있는 상의 사람은 손아랫사람이나 자식에 대하여 고통이 있고, 색정의 난, 말다툼이나 불화, 금전문제 등의 흉한 작용을 입는 수가 많다.

손궁 (巽宮)

손궁은 주로 현재의 일과 집안의 일을 보는 것이다. 기타 먼 곳과의 거래관계나 신용문제 등을 나타내는 곳이기도 하다.

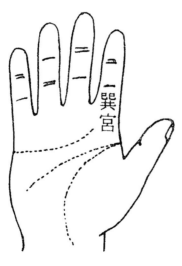

흰기(白氣)

가정의 손실 상태를 걱정하는 뜻을 나타낸다. 또는 형제의 고통이나 병(病)같은 것을 뜻한다.

푸른 기(淸氣)

영업상의 손실이나 뜻하지 않은 놀라움이 있다는 것을 나타내며, 또 형제의 놀라움을 나타내는 것이다.

빨간 기(赤氣)

평상시에 거래가 있는 상대와의 다툼이나 그것에 의한 손실, 또는 형제와의 말다툼을 뜻한다.

분홍 기(紅氣)

아름다운 분홍빛깔이 나타나 있는 것은 형제와의 관계도 좋고, 영업상태가 잘
되어간다는 것을 뜻한다.

이 궁이 아름다운 색을 항상 보전하며 알맞게 발달한 상의 사람은 좋은 형제
를 갖고 있으며, 신용과 좋은 영업 성적을 올릴 수 있는 사람이다. 반대로 이곳
에 결점이 없으며 형제와의 사이도 좋지 못하고, 모든 소원을 달성하기 어려운
것을 나타낸다.

진궁(震宮)

진궁은 주로 처와 이성에 관계된 것을 보는 부위이다. 기타 남성과 관계된 일,
여행등의 일도 이 부위에서 나타난다.

흰기(白氣)

처나 첩의 병이나 고통을 나타낸다

검은기(黑氣)

처첩에 재난이 있는 것을 나타낸다.

어두운 기(暗氣)

처첩의 난치병을 뜻한다. 정신이상 등
의 일도 있다.

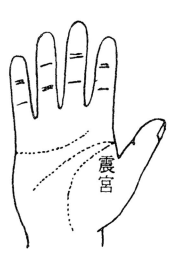

푸른 기(淸氣)

처첩이 병으로 앓고 있다는 것을 나타
낸다.

자색(紫色)

처첩의 부인과 질환을 나타내고 있다.

분홍 기(紅氣)

아름다운 분홍빛이 나타나는 것은 처첩과의 관계가 대단히 좋다는 것을 나타
내고 있으며, 임부의 즐거움도 나타나 있다.

이 궁이 아름다운 빛깔을 나타내고 있으며 적당한 발달은 가정원만, 처첩과의 양호한 관계, 좋은 자손을 얻을 수 있는 것을 나타내고 있으며, 상당한 발전력이 있는 것을 나타내는 상이다. 반대로 이곳에 결점이 있는 상은 처첩에 대한 문제, 장남의 고생, 싸움, 말다툼의 재난 등이 있다는 것을 듯하고 있다.

이궁(離宮)

이궁은 주로 그 사람의 희망이나 관청문제, 문서, 지능방면을 보는 것이다. 기타 미술, 예술 방면도 이곳에서 판단한다.

대체로 이 이궁의 혈색이 좋은 혈색으로 바뀌지 않는 동안은 그 사람이 희망한 일은 달성치 못할 것이며, 일시 달성하였다 하여도 뒤에 반드시 재화가 있는 것이다.

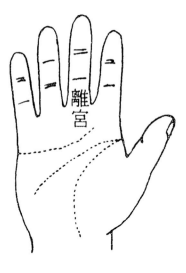

흰 기(白氣)

흰색이나 흰점이 나타나 있는 동안은 희망이나 목적은 달성할수가 없다.

빨간 기(紫色)

싸움, 말다툼, 손실을 뜻하며 형사 사건, 재판소 문제에 충분히 주의하지 않으면 뜻하지 않은 결과가 나타나게 된다.

푸른 기(淸氣)

푸른색은 보통 다른 부위에서 흉한상이라고 보고 있으나, 이 부위에서는 시기가 빠르기 때문에 그 사람의 목적이나 희망이 이루어지지 않으므로 초조해 하는 상태를 나타내는 것이다. 단 이런 경우는 푸른색은 검은 기를 딘 푸른색이 아니고 건조한 푸른색이 아니고 건조한 푸른색의 경우를 말한다.

또 푸른색 뿐 아니라 어떤 색이던 건조한 색이 나타나 있는 것은, 시기가 오지 않기 때문에 목적과 희망이 이루어지지 않고 초조하게 한다는 것을 나타내고 있는 것이다. 이것이 희망이 달성되면 자연히 물기를 머금는 것 같은 빛깔이 되며 끝에는 아름다운 분홍색이 되는 것이다.

분홍 기(紅氣)

매사에 성공하며, 목적과 희망이 달성하는 좋은 상이 된다.

이 궁이 아름다운 빛깔을 보전하며 적당하게 발달한 상의 사람은 미술, 문학의 재능에 해택을 받아 만일, 관청에 직을 얻은 사람 같으면 반드시 대성공을 하는 사람이다.

반대로 이 부위에 흠점(欠點)의 상은 화재나 병적의 난과 문서의 난을 받을 수 있으며, 친족과의 생이별 또는 사별이 일어나는 사람이다.

감궁(坎宮)

감궁은 주로 그 사람의 근기(根氣)를 보는 부위이다. 현재의 병이나 주소 문제를 본다.

흰기 (白氣)

흰색이며, 그 혈색이 시들어져 있을 때엔 가정내의 걱정거리가 생겼다는 것을 나타나는 것이다.

흰 점은 가정내에 병으로 앓고 있는 사람이 있다는 것을 나타내며, 만일 그 흰 점이 없이 시들어진 빛깔 경우는 그 병으로 앓고 있는 사람이 사망한다는 것을 뜻한다.

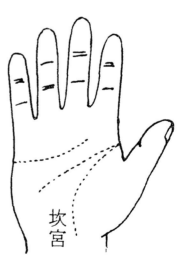

검은기(黑氣)

여러 가지 재난이 있다는 것을 나타

내며 특히 병의 재난에 주의를 하지 않으면 안 된다. 여행중인 사람 같으면 물의 재난을 나타내고 있다.

빨간기(紫色)

싸움, 말다툼의 난(難)이 있다는 것을 나타낸다.

푸른 기(淸氣)

아름다운 본홍빛으로 윤기가 있는 것은 만사 혈통하며 가정내에도 길사가 많다는 것을 뜻하며 대단히 좋은 상이다.

이 궁이 좋은 색을 하고 있으며, 살작의 발달이 좋은 상은 좋은 아랫사람을 거느리며, 순조롭게 모든 일이 성공하는 사람이다. 반대로 이곳에 흠점이 있는 사람은 손아랫사람은 고통, 병난. 도난, 여난 등의 흉사나 주소문제, 운기의 쇠퇴(衰頹)를 말하고 있다.

간궁(艮宮)

간궁은 주로 복덕의 일, 우인, 친족관계, 일의 손익을 보는 추세이다.

빨간기(紫色)

말다툼, 싸움에 의한 손실이 있다는 것을 뜻하고 있다.

어두운 기(黑氣)

금전적 고생을 말하며, 만사에 불운함을 나타내고 있다

분홍 기(紅氣)

대단히 좋은 상을 뜻한다. 이 궁이 좋은 상을 하고 있는 것은 우인의 원조가 있다는 것을 나타내며, 좋은 상속자가 있고 매사다. 매사에 성공하는 것을 뜻한다.

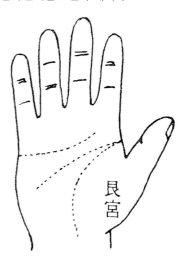

艮宮

반대로 이 부위에 흠점이 일어나는 상은 상속문제, 토지문제, 우인문제에 무언가 사고가 일어나기 쉽다는 것을 나타내고 있다.e

명당(明堂)

이 명당은 그 사람의 망(心望) 여기는 아무런 빛깔이 없는 것이 좋은 결심이다.

분홍 기(紅氣)

마음 속에 좋은 무엇인가 바라는 일이 있으며, 그것을 뒤에 달성할 수 있다는 것을 뜻하는 것이다.

흰 기(白氣)

모든 일이 뜻대로 안 되어 걱정하고 있다는 것을 나타타낸 상이다.

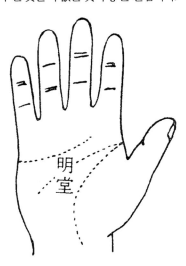

2. 동양식 선(線)에 대하여

- 선(線)에 대하여

동양식 수상은 언덕(八宮)과 혈색을 주로 보며 거기에 서 삼대선(紋)을 설명한 것아다. 동양식과 같이 이 삼대선이나 그 외의 선을 계통(系統)을 세워서 보지는 않는다. 즉 서양식에서 기호를 판단하는 것과 같은 방법으로 보며, 선을 단독으로 나타내는 것으로 보고 「XX紋은 어떠하고 ○○紋은 어떠하다」는 풀이를 하고 있다. 그리고 얼핏 보기에 나타나지 않은 것 같은 선을 풀이하고 있으나 이것은 어디까지나 「이와같이 나타나는 선」이라고 해석하고 응용하지 않으면 동양식 수상법으로는 판단할 수 없는 것이다. 그러므로 지금부터 설명하는 선에 혹 닮은 점이 있다고 하면 그 사람이 봤는 느낌으로 여러 가지 동양식에 응용하여 판단해야 된다고 본다.

예를 들면 「女字」, 「火字」, 「水字」, 「上字」라 하여 이와 같이 문제대로 선이 나타나 있는 것 같이 보고 있으나, 이 글자와 같이 똑똑하게 나타나 있는 것은 절대로 없다고 해도 좋을 정도로 「女」의 글자에 닮았는 선, 「火」의 글자에 닮았는 선 등으로 이 「女」「火」자의 판단을 응용하면 되는 것이다.

그리고 동양식 수상에는 선을 「문(紋)」이록 부르고 있다. 다음부터 선을 문으로 표기한다.

삼재(三才)문

三才紋

삼재문이란 특별한 선을 말하는 것이 아니라 주요 삼대선을 가리키는 것이다. 즉 천문, 인문, 지문의 삼선이며, 이 선이 뚜렷하게 나타나 있으면, 평생을 평온하게 보낼 수 있다는 것이다. 만일에 이 선 중에서 하나라도 흉상이 있으면 그 운세에 파도(波溝)가 있다는 것을 나타내는 것이다.

삼일(三日)문

三日紋

이것은 대체로 네 손가락 밑에 그림과 같음 선이 나타난 것을 삼일문이라고 하며 길상(吉神)이라고 부르고 있다. 이 선이 있는 사람은 덕의(德義)가 있는 사람으로 마음씨가 깨끗하며, 좋은 자식을 얻을 수 있다는 것이다.

그리고 이 수상을 가진 사람은 어릴 때부터 문재(文才)에 뛰어난 사람으로 뒤에 성공하여 이름을 크게 떨칠 수 있는 수상이다.

앙진(雁陳)문

雁陳紋

마치 기러기가 연이어 가는 것 같은 선이며, 높은 위치에 설 수 있는 상이다.

즉 우두머리나 장(長)의 상이다. 이 상은 한 번 기회를 얻으면 그 기회를 타서 크게 발전하여 명성을 날릴 수 있으며 성공을 할 수 있다. 즉 장관까지 출세할 수 있는 것을 나타낸 것이다. 만일 상인(商人) 같으면 많은 사람으로부터 혜택을 받을 수 있는 대(大) 길상의 상이다.

육화(六花)문

이 육화문이 나타난 사람은 현재 그다지 좋은 상이
아닌 것을 나타낸 것이다. 만년이 되어 잘되는 상이
다. 이상은 적극적으로 활동해서는 안 된다는 것을
나타내고 있으며, 사람의 뒤에서 서서히 일을 해 나
가면 만년에 꽃이 핀다는 운세가 되는 것이다.
만일에 이 상이 젊은 사람에 있다면 상당한 고생을
하게 되며, 뒤늦게 늙어서 행복의 열매를 맺을 수 있다는 결론이 나오며 종교,
정신면에 따른 사람에게는 가장 좋은 상이라 하겠다.

배상(拜相)문

이 선은 대체로 건궁에 나타나 있는 것이 특징이며, 마치
가야금의 줄을 연상하게 되는 상이다. 성질이 온후하며,
무게가 있는 성격으로 문재(文才)가 있는 큰 인물이다.
손윗사람에게 귀여움을 받으며, 친구관계는 원만하
여 그것으로 된 임신 출세하여 뒤에는 크게 펼칠 수
있는 사람이라곤 하겠다.

병부(兵符)문

손바닥의 중앙부 즉 명당에 나타난 선으로 군인이
나 경찰관이 되어 성공한다는 상을 나타낸 것이다.
이 상은 어릴 때부터 타인의 윗사람이 될 수가 없고,
특히 그 선이 톱니와 같이 되어 있으면 반드시 대통솔

자가 되어 부하나 자녀, 노인으로부터 존경을 받을 수 있는 권위있는 상이다.

대인문(帶印)

帶印紋

손바닥에 마치 도장 모양을 한 문이 나타난 것을 대인문이라고 부른다. 이 상의 사람은 주인에게 가장 충실한 사람이며, 또 그 공적이 큰 상(相)이지만 조금도 잘난 체 하지 않고 묵묵히 주인에게 충실한 사람이다. 그러므로 이 상의 사람은 자기의 소원을 꼭 이루는 좋은 대 길상이다.

입신(立身)문

立身紋

이 입신문이 나타나 있고, 그 혈색이 바르게 나타나 있으면, 바르게 나타나 있으면, 그 사람은 행동이 뛰어나며, 그로 인하여 명성을 날릴 수 있으며 귀인의 힘을 얻어서 대 발전을 할 수 있는 상이다.
그러나 아깝게도 이 상의 사람은 부 부연에 혜택을 받지 못하는 사람이 많은 것이다.

옥정 (玉井)문

玉井紋

우물정(井)의 굴자 모양을 나타낸 것 율 옥정문이라고 한다. 그리고 이 정 (井)의 문자 모양이 하나 있는 사람은 복과 덕이 있는 사람이며, 이 문자가 두 개, 세 개 있는 사람은 크게 발전할 수 있는 상이다. 이것은 옥제(玉梯)라고 하여 귀한 것이다. 이 상의 사람은 비상하게 정의감이이 강한 사람으로 상당한 지위나 명예를 얻을 수 있는 상이다. 그러나 이 선이 나타나내는 것은 보통 사람보다 권리나 학자에게 나타나는 것을 크게 좋아한다. 그리고 불급의 총에 있어서는 이상을 오히려 불길의 싱이라고 할 수 있다.

차륜(車輪)운

이선은 마치 둥글게 나타나 있는 차바퀴와 같이 보이는 상으로 관사나 정피가 적당한 상이다. 같이 빈곤해 보이는 상으로 관사나 정치가 적당한 상이다. 만고에 그 사람에게 적당한 좋은 직업을 얻을 때에는 고 위 고관이 되어 크게 성공할 수 있는 상이다.  그리고 문학에도 뛰어난 사람이나 단 애정 문제에 있어서는 신중하지 않으면 예기치 못한 재난을 겪을 염려가 있는 상이다. 대체로 24세나 25세때에 병으로 앓을 수 있는 문이다.

삼기(三奇)문

손목 부취부터 위로 향한 하나의 선이 끝에 가서 갈라져서 새끼손가락, 약 손가락, 가운데 손가락으로 향한 선을 삼기문이라 한다. 그리고 손목 부분에서 세 가지의 선이 나와 약손가락으로 향한 선도  삼기문이라고 한다. 이 상은 대단히 좋은 상으로 어릴 때부터 좋은 상이며 끝내 대 성공을 한다는 행운의 상이다.

어찌나 가정을 생각하는 사람인지 어떤 경우나, 어떤 입장에 있어도 가정을 잊지 않고 철두철미하게 가정만 생각하는 사람이다.

미록(美祿)문

美祿紋

고간(苦干) 가느다란 삼각형을 옆으로 한 것 같은 모양의 선을 미록문이라 한다. 이 상은 의식주에 걱정이 없는 길상의 선으로 어떤 곤란에 부딪쳐도 의식주에 걱정이 없는 좋은상의 주인공이다.

소귀(小貴)문

文 小貴紋

이 문이 적을수록 좋은 상이라고 하며, 이 선이 나타나 있는 사람은 적은 재산이나마 재산을 가졌다는 것을 뜻하는 좋은 상이다. 만고에 이 선이 있는 손으로 그 색깔이 분홍빛을 띄고 있으며, 또 유연(柔軟)한 것 같으면 상당한 재산을 얻을 수 있는 상이다. 또 이 상으로 중이 되었더라면 높은 지위를 얻 올 수 있고 대 성공할수 있는 사람이다.

쌍어(雙魚)문

雙魚紋

두 개의 X로 선이 손바닥의 중앙에 나타나는 것을 쌍여문이라고 한다. 이상은 문재(文才), 학예에 뛰어나는 것을 나타내며 그 재능으로 크게 명성을 떨칠 수 있는 대 길상의 선이다.

떨칠 수 있는 대 길상의 선(線)이다. 그리고 이 상(相)의 손으로 분홍손 및 도망을 하고 있으면 반드시 지위와 명예를 한번에 얻을수 있는 사람이다.

금화문

이 상의 사람은 태어날 때부터 하느님의 혜택을 한 몸에 받고 있는 사람이다. 그러므로 예를 들면 지금 현재는 가난하더라도 어떤 우연한 기회에 크게 발전하여 지위나 재산을 얻을 수 있는 사람이다. 여자도 마찬가지로 행운의 혜택을 받을 수 있는 사람이다.

현어(懸魚)문

마치 고기의 모양을 한 것을 현어문이라고 한다. 이 상은 어릴 때부터 무엇 하나 부족함이 없이 성공가두를 일직선으로 달려왔다는 것을 말하며 지금부터 그 강한 운세가 계속된다는 것을 나타낸 것이다. 흡사 용을 타고 그 옥을 말채찍과 같이 하여 하늘을 오르는 것과 같은 강한 세력을 나타낸 상이다.

남의 윗사람이 되어 그 명성과 재산은 많은 사람 중에서 한 사람만 빼낸 것과 같으며 장수할 숭 있는 사람이다.

사직(四直)문

네 개의 선이 집게 손가락, 가운데손가락, 약손가락, 새기손가락의 밑을 향해서 올라가는 상을 사직문이라고 한다.

이 상은 보통 중년까지는 평범하거나 중년 이후 크게 발전하여 성공한다는 것을 말하는 상이다. 혹시 사직문위와 주위가 분홍새개 빛깔을 하고 있으면 큰 지위를 얻을 수 있는 상이다.

독조문(獨朝)

文 小貴紋

삼각형의 선이 되는 이 독조문의 상은 총명하다는 것을 나타내는 것이다. 그러나 초년에는 그리 좋은 운세라고 볼수 없었다.

그러나 중년 이후에는 그 총명에 의하여 반드시 중년 이후에는 그 총명에 의해서 크게 성공을 할수 있는 반드시 중년 이후에는 좋은 위치에 앉을수 있는 것이다.

천인天印문

天印紋

이 선은 건궁에 나타나 있는 것을 말하며 비상한 문재(文才)가 있다는 것을 나타낸 것이다. 만일 가난하더라도 이 상(相)이 되면, 그로부터 차례차례로 좋게 형편이 나아진다는 것이여, 당하며 비상한 문재(文才)가 있다는 것을 나타낸 것이다. 되면, 그로부터 차례차례로 좋게 형편이 나아진다는 것이며, 끝내 대성공을 하며 「금전재보(金錢財寶)는 가정에 충만하다」는 최대의 길상이다.

보운문(寶暈紋)

寶暈紋

이 보운문에는 두 가지의 모양이 있다. 하나는 월운(月暈)과 같은 것, 하나는 환(環)의 모양을 한두 가지가 있다. 달(月) 모양으로 나오는 사람은 문재(文才)가 있는 정직한 사람이며, 환과 같이 나오는 사람은 비상하게 재물에 혜택을 받는 사람의 상을 나타낸 것 이다. 어느 것이든 부귀 영화에 일평생을 안락하게 보낼수 있는 좋은상이다.

금귀(金龜)문

이 금귀문이 나타난 상의 사람은 장수함과 동시에 큰 재산을 함께 얻을 수 있는 비상한 행운자이다. 적어도 100세까지의 장수는 무난하여 나이와 함께 재산이 불어 나가는 것을 나타낸다.

金龜紋

고부(高扶)문

이 선은 약손가락의 밑부분에 나타난다. 이 상을 가진 사람은 비상하게 담력을 가진 사람으로 그것으로 실패를 모르는 사람이라 할 수 있다. 또 이 선이 있고 그 위에 분홍빛깔을 하고 있으면, 담력이 있는 반면 다예(多藝)다재(多才)한 이점을 가진 사람이라 할 수 있다. 그 광범위한 재능은 큰 담력에 의하여 대성공을 할수 있다.

高扶紋

은하(銀河)문

은하문이란 천문(天蚊)의 위에 흐트러진 가는 선의 나타냄을 말하는 것이다. 이 상의 남성은 반드시 초연의 처와는 생이별을 하든지 또는 사별하여 두 번재 결혼으로 원만히 된다는 것을 의미한 것이다. 또 이선이 흐트러져서 진궁과 감궁의 부위에 있으면 조상이 하던 직업을 반드시 바꾸어서 자기 스스로

銀河紋

의 새로운 일을 시작하는 사람이다. 여성에게 이 은하문이 있는 사람은 마음이 두 갈래로서 남편을 못살게 구는 상으로 되어있다. 어느 쪽이던 남녀 함께 좋은 상이라고는 할수 없는 상이다.

문리(文理)문

감궁에 고기(魚)의 모양을 한 선이 나타나 있으면 좋은 배우자를 얻을 수 있는 것을 뜻한다. 전지(田地)전답(田畓)이 있는 재산가의 처를 얻어서 그것으로 성공하는 것이다. 그러나 이 상의 사람은 대개가 건궁에 우물정(井)의 글자 모양의 선이 나타나 좋은 자식을 얻을 수 있으며, 그로 인하여 한층 부모의 이름을 높일 수 있으며, 대성공하는 것을 나타낸다. 이 이문(二紋) 중 어느 쪽이던 한쪽뿐이라면 그 작용도 한쪽밖에 안 된다.

산광(山光)문

이 선이 나타난 사람은 고독을 즐기는 성격의 사람으로 중이나 종교가에 가장 적당한 상이다. 세속의 일을 싫어하며 연구나 자연의 변이에 몸을 두는 것을 즐기는 사람이며, 혹 종교가나 중이 아닌 보통사람에 이 상이 있으면 고독한 사람으로 한평생을 쓸쓸하게 보내는 것이 된다.

일야(逸野)문

약손가락으로부터 손바닥의 중앙으로 향해서 내려 긋는 두 개의 선을 일야문이라고 일컫는다. 이 문이 있는 사람은 이상하게 소극적이며, 다른 사람이 싫어하는 일은 하지 않은 성격이다. 종교, 신령 등의 법술(法術)을 즐기며, 신비를 구하며 한평생을 사회에서 멀리하여 생활하는 사람이다.

난화(亂花)문

흡사 꽃잎이 흩어져 있는 것 같은 인문, 지문의 위치에 이 선이 나타나는 것을 난화문이라고 부른다. 이 상은 선천적으로 제멋대로의 성격과 놀기를 좋아하는 방탕성이 있어 나이가 먹음에 따라 더 심해져서 가정을 잊고 처자식을 돌보지 않으며, 직장을 잃고 주색에 일신을 망치는 운수의 사람이다.

화차(花釵)문

이 상도 앞의 난화문과 같이 향락자의 상이다. 난화문과 다른 점은 이 상의 사람은 어딘가 꿈을 가진 로망성이 있어서 의외로 남에게 귀여움을 받는 여덕(餘德)을 갖고 있는 것이다. 소위 도락자(道樂者)이건 아니건 어딘가 밉쌍스럽지 않은 것이 이 상이다.

조천(朝天)문

새끼손가락 밑에 꼬였는 것 같은 가느다란 선이 천문으로 향해서 뻗쳐 있는 것을 조천문이라고 부르면, 대단히 나쁜 상이라고 한다. 이 상의 사람은 인륜의 길을 벗어나는 일을 많이하고, 그 행동도 부정한 일을 많이 한다. 또 여성에 이상이 있는 것은 가장 흉한 「가문을 어지럽히는 상」이라고 하며, 불륜의 관계를 맺어 가정싸움이 그칠 사이가 업다는 것을 나타내는 상이다.

노복(奴僕)문

奴僕紋

앞의 조천문과 같이 구부러진 가는 선이 진궁쪽으로 향한 상을 노복문이라고 부른다. 이 상을 가진 사람의 처는 반드시 마음씨가 좋지 않은 여성이며, 특히 애정관계에 불륜한 행동이 많고 그것도 그 집안의 손아랫사람과 통하여 문제를 일으키는 일을 나타내는 상이다. 그러므로 이 상이 있는 사람은 조심을 해야한다.

생지(生枝)문

生枝紋

새끼손가락 밑에 즉 곤궁부터 가느다란 선이 밑으로 향하여 내려간 상을 생지문이라 한다. 이 상이 있는 여성은 태어날 때부터 교활한 성격으로 남편도 속이는 나쁜 여자이다. 또 이상이 있는 남성은 소위 난폰자란 부류에 속한 사람으로 처나 자식 도는 그 가정에 의지하여 사는 사람이다.

극부(尅父)문

尅父紋

천문이 마치 새끼를 꼰 것 같은 모양을 하여 집게손가락의 밑부분 즉 손궁으로 향해 있는 상은 높은 지위에 앉아 성공한다는 것을 나타내는 것이다. 그 선이 만일에 엄지손가락과 집게손가락 사이를 향해서 있는 상 같으면 어릴 때 벌써 아버지와 사이가 좋지 못한 것을 나타내며 아버지가 살아 계시면 아버지에게 반항하는 상을 나타내는 것이다.

극모(剋母)문

가장 아래의 지문에 이것을 장해(障害)하는 장해선이 있는 상을 극모문이라고 일컫는다.

이 상은 어머니와 인연이 없는 것을 나타내며 그렇지 않으면 계모에게 자라던지 또는 어머니에게 반항하여 집을 떠나는 상이다.

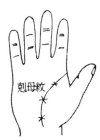

빈심(貧心)문

가장 위의 처문이 산주(散朱)하는 상을 빈심문이라고 한다. 사람을 속이는 일을 잘하며 자기자신을 어떻게 할 줄 모르는 들뜬 성격의 사람이다. 그러나 원래 나쁜 사람은 아니고 그때 그때 사람을 업고 다니듯 남을 괴롭힌다.

지능은 상당히 우수하나 성격이 좋지 못하고 행동이 안정되지 못하여 일을 일으키기가 쉽다.

망신(亡神)문

손바닥에 있는 가느다란 선이 그 삼문을 자르는 상을 망신문이라고 일컫는다.

이 상이 있는 사람은 부모의 유산을 탕진하고 자기의 재산도 일절 잃어버리는 파재(破材)의 상이다. 거기에 부모, 형제, 처자식, 친척에도 의리고 없고 교우관계에도 침착성이 없는 나쁜 사람이며, 끝내에는 막심한 곤란과 고통을 받는 사람이다.

주식(酒食)문

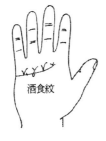

酒食紋

곤궁에서 손궁에 걸쳐서 마치 제비 세 마리가 날고 있는 것 같이 보이는 선이 나타나 있는 것을 주식문이라고 일컫는다. 이 상은 항상 손윗사람과 문제(文際)를 할 수 있는 사교성이 풍부하며, 항상 주식(酒食)에 혜택을 받고 사람이다. 단 이 사람은 어떤 일이든 잘되는 것이 아니고 반길(半吉), 반흉(半凶)이라 할 수 있다.

주작(朱雀)문

朱雀紋

그림과 같이 문(紋)이 손바닥에 나타나 있는 것을 주작문이라고 하며, 대단히 흉한 상이다. 지위가 있는 사람은 지위를 잃으며, 보통의 사람은 직업을 가지지 못한다는 것을 나타낸 것이다. 그 원인은 쓸데 없는 말로 인한 것이다. 그러므로 이 상의 사람은 말을 조심함으로써 얼마쯤의 흉을 면할 수 있을 것이다.

옥계 (玉桂)문

玉桂紋

손목의 윗부분부터 가운데손가락의 밑부분까지 곧데 끊어진 곳이 없이 올라가는 선을 육계문이라고 일컫는다. 소위 천하근(天下筋)으로 옛날의 장군에 이런 상이 많았다고 전한다. 이 상이 있는 사람 지(智), 인(仁), 용(勇)의 세 가지를 갖춘 사람으로 그 행동은 어떤 일이건 절대 실패사 없는 대성공의 상이다.

삼봉(三峰)문

집게손가락, 가운데손가락, 새끼손가락의 세 손가락의 밑부분에 즉 손(巽)·난(難)·곤(坤)의 삼궁의 부위에 살갗이 두툼하게 붙어 있는 상을 삼봉문이라고 한다. 이것은 전지(田地), 전답(田畓)을 많이 갖고 있다는 상이며 이 부분에 분홍빛 색깔을 띄고 있으면 한층 더 좋다는 뜻이다. 다시 말하면 재운의 혜택을 받은 길상 손바닥이라 한다.

학당(學堂)문 ①

엄지손가락부터 나타나 있는 선을 학당문이라고 말하며, 문학·학술에 뛰어난 상이다. 이 상의 사람은 비상한 학식을 가진 사람으로 그 명성은 나이가 먹어 감에 따라 현저하며, 끝내는 천하에 이름을 떨칠 대문학자, 대학자가 될 수 있는 좋은 상이다.

학당(學堂)문 ②

이 학당문은 조그만한 것이 좋은 상이라고 한다. 그것은 큰 문은 다예(多藝) 다재(多才)로 궁색한 점이 있으나, 이 작은 문의 상의 사람은, 한줄기의 연구나 기예에 의하여 사당히 성공할 수 있는 것을 나타낸 것이다. 이 문은 앞에와 비교하면 매사에 한줄기만 깊이 생각하고 연구하는 성격의 소유자이기도 하다.

복후(福厚)문

福厚紋

이 상은 평소부터 무병, 무재로 행복한 일생을 보낼 수 있는 사람이다. 그리고 인정이 많아 남한테 동정을 베푸는 사람이다. 그 음덕은 결국 이 사람의 행복의 원인이 되는 것이다. 만년에 재산을 얻어 반드시 이름을 후세에 남길 수 있는 행운의 사람이다.

이학(異學)문

異學紋

이 상의 사람은 보통 평범한 직업을 가지는 것보다는 어떤 특수한 일에 종사하는 것이 성공하기 쉬운 상이다. 특히 종교교육 및 신령 등에 종사하면 성공률이 높고 부(富)나 명성을 한 몫에 얻을 수 있는 사람이다.

천희(天喜)문

天喜紋

이 상을 가진 사람은 운이 매우 좋은 사람으로서 자기가 생각하는 일은 모든 것이 순조롭게 되는 사람이며, 하느님으로부터 특별한 혜택을 받은 행운아이다. 만일에 이 상을 가진 사람의 학문방면에 심혈을 기울일 것 같으면 그 명성은 크게 떨칠 것이다.

천자(川字)문

손가락의 관절과 관절 사이에 가느다란 줄이 시냇물이 흐르는 것과 같은 상을 천자문이라 한다. 이 상의 사람은 남녀 함께 비상하게 장명(長命)의 혜택을 받는 사람이라는 것을 나타낸 것이며, 옛날의 노자나 서왕모(西王母)와 같이 이백 살이나 살았다는 장수자와 같은 상을 나타내는 것이다.

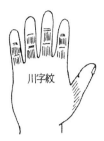

川字紋

석계(析桂)문

이 상은 특별한 재능을 가진 사람에게 볼 수 있는 상이다. 이 상을 가진 사람이 학문에 종사하면 그 연구의 성과는 실로 놀아운 일이며, 일약 명성을 떨칠 수 있는 명예와 재능으르 겸한 좋은 상이다.

析桂紋

첨금(千金)문

이 상은 크나 큰 재산을 가진다는 것을 나타내는 상이다. 만일 이 상이 어릴 때 나타나 있으면 부모의 유산을 받을 수 있는 대 재산가의 아들이란 것을 알 수 있다.
만일 현재 천한 직업이나 무일푼이라도 가까운 장래에 큰 재운이 홀러 들어 온다는 것을 나타낸 것이다.

千金紋

화개(華蓋)문①

華蓋紋①

아상이 있는 사람은 성공하는 사람이다. 단 이 문은 길상이기 보다는 좋지 못한 부위, 나쁜 선이 나타나 있어서 그 흉한 작용을 보충한다는 뜻을 나타낸 것이다. 그러므로 흉은 지나가고 복을 자초하는 상이라 하겠다.

화개(華蓋)문②

華蓋紋②

손바닥의 진궁에 나타나 있는 이 상은 처음 처의 재산에 의하여 성공을 하여 그 재산을 얻은 후에는 처와 이혼하고 만다는 것을 나타낸 상이다.

음덕(蔭德)문

陰德紋

이 상은 음덕(세상에 알려지지 않은 덕)에 의하여 이 사람의 모든 흉에서 구해진다는 것을 나타낸 상이다. 이 상의 사람은 먼저 다른 사람에게 친절해야 하며, 그로 인하여, 다른 사람에게 구원을 받을 수 있으며 또 다른 사람이 자기에게 유리하게 해주므로 끝내 성공할 수 있다는 것이다.

지혜(智惠)문

이상을 가진 사람은 총명하고 이름을 떨칠 수 있는 사람이다. 평소의 언어나 동작에 있어서도 신중을 기하고, 그보다 눈이 예민하며 명철한 관찰력은 끝내 대성공의 기틀이 된다는 것을 나타낸 것이다. 또 지혜있는 사람에게 있기 쉬운 차가운 점이 없는 것도 이 사람을 성공시켜주는 하나의 원인이라 하겠다.

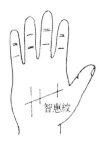

주산(住山)문

엄지손가락을 향한 선을 주산문이라고 일컫는다. 이 상은 극단에서 극단으로 쫓는 성격의 소유자로 그 행동도 침착한 점이 없다. 때로는 조용하게 독서삼매(讀書三昧)에 빠지는가 하면, 곧 도 속세에 사회를 잊지 못하고 화려하나 생활에 빠지기도 한다. 이 불안전한은 노후까지 계속되며, 또 다른 사람의 정사(情事)에까지 신경을 쓰는 불행한 상이다.

색욕(色慾)문

마치 흐트러진 풀이 손바닥 위에 놓인 것 같은 상을 색욕문이라고 한다. 이 상이 있는 사람은 한평생 여자 없이는 살 수 없는 색마의 사람이며, 그 정욕은 그칠 줄 모르고 빈욕(貧欲)은 만년까지 계속된다. 이 사람은 누워서도 남녀의 성관계를 꿈꾸며, 일어나서는 여자의 자태를 상상하는 사람으로 그로 인하여 심신을 소모하는 대단히 흉한 상이다.

색노(色勞)문

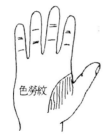

손바닥에 마치 버드나무의 잎이 시냇물 위에 떠 있는 것 같이 가로로 가느다란 선이 나타나 있는 상을 색노문이라고 부른다. 이상의 사람은 오늘은 XX동, 내일은 OO동 이란 격으로 화류계의 거리에서 거리로 방탕생활을 보내는 사람이다. 정사(情事)를 위해서는 무엇이든 희생을 감수하며, 저녁의 비가 내리는 것도 자가 정사에 풍정(風情)을 더하는 순수한 것이라 하고, 아침의 구름 또한 이별을 슬퍼하는 나를 위한 섭섭한 정의 구름이라 하는 철두철미(徹頭徹尾) 여자의 몸을 갈망하는 사람이다. 만년에까지는 이러한 정사생활 때문에 건강을 해친 비참한 일을 당하기도 한다.

화주(花酒)문

손바닥의 중앙에 나오는 선으로 이상을 화주문이라 한다. 아침에 한 되, 낮에 한 되, 저녁에 한 되, 잘 때 한 되와 같이 술에서 태어난 술의 벌레와 같이 사람이다.
이상의 사람은 사업이나 가정도 모든 일이 술을 위해서 희생하며, 한평생 술에 취해서 일생을 끝마치는 사람이다.

도화(桃花)문①

대단히 사치한 생활을 즐기며 술과 여자에 몸을 망친다. 나중에 중년에 가서는 집을 망치고 삶을 망치는 사람이다. 중년에 정신으르 차려도 때는 늦고, 한평생을 불행하게 보내지 안하면 안 된다.

도화(桃花)문②

이상은 앞의 방탕성의 상과 같다. 단 앞서 것보다
주색을 즐기는 정도가 강하고, 화류계를 나의 집
으로 하는 사람으로 중년에 파멸되어도 눈을 뜨지
못하고 꿈에도 여성의 애무를 바라는 아주 흉한
상이다,

桃花紋②

유화(愉花)문

「一盜二婢」…. 도둑의 맛을 구하는 상이다. 즉 자기의
것은 어떤 아름다움에도 눈썹하나 움직이지 않고
다른 사람 의 처가 잘 보여서 못견디겠다는 대단히
위험하고 좋지 못한 버릇을 가진 사람이다. 부부 인
연이 나쁜 사람이며, 어쨌든 다른 사람의 여성에 눈
독을 들이며, 또한 내통하기도 하여 문제를 일으키
는 시끄러운 사람이다.

愉花紋

어(漁)문

진궁에 나타나는 문을 말한다. 이 상이 있는 남자
는, 정순한 처를 얻어 한 평생 그것 때문에 많은 득
을 본다는 것을 말하고 있는 상이다. 그러나 재물
의 혜택을 받지는 못하나 그것보다 더한 내조의 공
이 커서 한평생 행복한 생활을 보낼 수 있다.

魚紋

처첩(妻妾)문

妻妾紋

태궁(胎宮)에 이 선이 나타나 있는 것을 처첩문이라고 부르고 있다. 이 상을 가진 사람은 처에게 주의를 하지 않으면 뜻하지 않은 우스개감이 될 수 있다는 것을 나타낸 것으로「모르는 것은 주인 뿐」이라는 상이다. 특히 처가 손아랫사람과 내통하는 일이 많다.

일중(一重)문

一重紋

진궁의 부분에 선이 나란히 있는 것을 일중문이라고 일컫는다. 이 상은 처자와는 인연이 없다는 것을 나타내는 상이다. 그러나 여기에 양문이 나타나면 좋은 자식을 얻을 수 있다는 것을 나타낸다.

월각(月角) 문

月角紋

태궁에서 손바닥 중앙에 나타나 있는 상을 월각문이라고 부른다. 이 상은 여성의 재산에 의해서 성공할 수 있다는 것을 나타낸 상이며`항상 재산가의 여성만을 따라다니는 사람에게 나타나는 게으른 사람의 상이다.

겁쇄(劫殺)문

흉한 선이 손바닥에 꽉차게 나타나 있는 것을 겁살문이라고 부르고 있다.

이상이 있는 사람은 재산이나 몸을 망치고 많은 곤란을 받는 사람이다. 만일에 이 곤란이 어릴 때나 중년에 오면 만년에는 그렇게까지는 않으나 이 고생에 못이겨 중년기부터 타성(隋性)으로 보내면 만년에도 좋지 않다.

劫殺紋

삼쇄(三殺)문

가정을 잊어버리기 때문에 처자식에 게 많은 고통을 주는 사람이다. 그렇기 때문에 처에게 인연을 끊기고 중년에는 고독에 빠지는 수가 있는 상이다. 자기의 고집을 충분히 삼가하여야 한다. 이상은 앞의 방탕성의 상과 같다. 단 앞서 것보다 주색을 즐기는 정도가 강하고, 화류계를 나의 집으로 하는 사

三殺紋

람으로 중년에 파멸되어도 눈을 뜨지 못하고 꿈에도 여성의 애무를 바라는 아주 흉한 상이다,

김진태

『사주신비연구』『택일명감』『사주추명학』『오술판단전서(공저)』
『운세판단 관상법총람(공저)』『사주소사전』외 다수

남녀 행복 뛰어넘기 (오감으로 상대방의 마음을 읽는 방법)

2023년 3월 20일 **인쇄** | 2023년 3월 25일 **발행**
저자 김진태 | **발행인** 김현호

발행처 법률미디어 | **공급처** 법문북스 | **주소** 서울 구로구 경인로 54길4(구로동 636-62)
전화 02)2636-2911~2 | **팩스** 02)2636-3012 | **홈페이지** www.lawb.co.kr
등록일자 1979년 8월 27일 | **등록번호** 제5-22호

ISBN 979-11-92369-72-3(03180) | **정가** 18,000원

이 도서의 국립중앙도서관 출판예정도서목록(CIP)은 서지정보유통지원시스템 홈페이지(http://seoji.nl.go.kr)와 국가
자료종합목록 구축시스템(http://kolis-net.nl.go.kr)에서 이용하실 수 있습니다. (CIP제어번호 : CIP2020014223)

법률 명리학 외국어 서예 한방 서적 등

최고의 인터넷서점으로
각종 명품서적만을 제공합니다

각 종 명품서적과 신간서적도 보시고
법률 서예 한방 등의 정보도 얻을 수 있는

핵심법률서적 종합 사이트
www.lawb.co.kr

(모든 신간서적 특별 공급)

대표전화 | (02)2636-2911

미각 촉각 후각 청각 시각을 이용하여
교제능력을 기우고, 자신의 운세를 개발
할 수 있게 하였다.

03180

9 791192 369723
ISBN 979-11-92369-72-3

24,000원